# 論集 仏教文化遺産の継承

―自然・文化・東大寺―

ザ・グレイトブッダ・シンポジウム論集第十三号

東大寺

表紙カバー　杉本健吉 画伯

# 序

東大寺の毎年の恒例行事となりました「ザ・グレイトブッダ・シンポジウム」（ＧＢＳ）を平成二十六年十一月二十二日・二十三日の両日、開催いたしました。今回、十三回目のテーマを「仏教文化遺産の継承―自然・文化・東大寺―」とし、今までの思想、美術史・建築史、歴史学・考古学の各分野の他、自然環境の分野をも加え、大仏さまの世界観に似合う多角的な報告をしていただきました。

近年、さまざまなものが文化、自然、記憶といった遺産として認められ、観光客が大挙して訪れるなど話題となっています。東大寺も一つの「文化遺産」として認定されておりますが、今回の報告を拝聴し本論文を一読いたしますと、東大寺は地の利、水の利にのっとり、環境に逆らわない伽藍配置をしており、まさしく「自然遺産」の環境のなかで共生している「文化遺産」であることを改めて感じました。

先人からの多くの遺産をわれわれはいかに継承して、さらに未来へと伝えていくのか、本書がその答えを導く一助となることを祈念いたします。

平成二十七年十二月十九日

東大寺別当

筒井寛昭

目次

# 東大寺領荘園と条里プラン

金田章裕

## 一　はじめに

「条里制」と呼ばれてきたのは、『律令』の「田令」に規定された班田収授のための土地制度であり、同時に、土地の所在を表示するための条里呼称法と、それと一体となった条里地割からなるとするのが、長い間、多くの研究者の基本的な考え方であった。

　このうち班田については、初見が『日本書紀』白雉三年（六五二）に「班田既訖」とある記載であるが、実態はかならずしも明確ではない。畿内ないしその一部における実施であろうとの見解もある。しかし同書の朱鳥六年（六九二）には四畿内国への班田大夫の派遣のことが見えるので、この時点ではほぼ『律令』に規定するような班田収授が実施されていたと考えられている。

　ところがその律令では「給訖、具録㆓町段及四至㆒」とあって、条里呼称法によって班田結果を表示することを規定していない。この規定の文言自体は、厳密には養老律令に拠るが、大宝元年（七〇一）の『大宝律令』でも同文であったと考えられている。律令では、「凡田、長卅歩、広十二歩為㆑段、十段為㆑町」と面積を明確に規定しているので、規定がないということは条里呼称法が存在しなかったことを意味する可能性が高い。つまり、白雉三年あるいは朱鳥六年から、少なくとも養老年間（七一七―七二四）までの間、条里呼称法なしで班田収授が行われていたと考えられることになる。

　さて、条里呼称法の整備は、班田結果を標記した班田図の整備と密接に関わって行われたとされている。最初の班田図と考えられているのは天平十四年（七四二）図であり、後に基本とされた四証図の冒頭に挙げられていたものであった[1]。事実、天平七年（七三五）の弘福寺領讃岐国山田郡田図には、一町四方の方格が描かれ、各区画には小字地名に類似した「小字地名的名称」が標記されているものの、後に一般化するような各区画に番号を付した条里呼称ではない。後に詳しく述べるように、条里呼称法の完成時期は国によって異なると考えられるが、各種の史料からそれは八世紀後半のことであったことが知られる。とすればその時期はまさしく、東大寺をはじめとする大寺院が多くの墾田を設定した時期に相当する。そこで小稿では、東大寺領荘園と条里プランとの関係について改めて整理を行い、若干の検討を加えてみたい。

そのため小稿でも、すでに筆者がこれまでも主張してきたように、班田収授と条里呼称法及び条里地割の三者を含む概念として使用されてきた条里制の用語とは別に、条里呼称法及び条里地割とからなる土地計画を「条里プラン」と表現することとしたい。すでに述べたように、班田収授は少なくとも半世紀以上の間、条里呼称法なしで実施されてきたのである。この三者は少なくとも実施の初期には、それぞれが個別の制度ないし実態であり、三者で一体となった制度ではなかったからである。また、条里プランの概念を導入することによって、検討を加える際に、論旨を明確にすることができるという利点もある。(2)

## 二　古代寺院の荘園領有と条里プラン

班田収授法はすでに紹介をしたように、七世紀終わりごろの時期に制度として確立していたと考えられる。八世紀の律令では、原則として男二段、女一段一二〇歩の口分田を給することが規定されており、ほかに位田、職分田、功田、公田、賜田、園地、宅地、神田、寺田などが規定されていた。これらの地種には「神田・寺田」のようなやや例外的存在があり、また収公の対象であるか否かの別はあったが、基本的にこれらは国家管理の土地であり、典型的には、輸租あるいは輸地子として国に土地税あるいは地代を納める土地であった。これらの「田」すなわち耕地について、六年一班として、原則六年ごとに利用権の確認ないし再配分を行っていたのである。

要するに、律令国家は本来、公地・公水の原則をとっていたのである。農地以外の「山川薮沢」についても同様であり、律令の「雑令」に、「山川薮沢利、公私共レ之」と公私の共同利用に供する土地としての規定をしている。つまり、山川薮沢は本来私的所有の対象ではなかったことになる。ところが『続日本紀』は、慶雲三年（七〇六）に「王公諸臣」が「山沢」を、和銅四年（七一一）に「親王已下豪強之家」が「山野」を、さらに同六年に「諸寺」が「田野」を広く占有する状況であったことを記しており、土地の占有が進んでいた状況が知られる。

一方、班給すべき口分田の不足もほどなく顕在化した。これに対して、養老六年（七二二）には国郡司の監督のもとに、班田農民に糧食を給し、また官物を貸与して開墾を行わせる、「良田百万町歩開墾計画」が立てられた。この政策の成否は不明であるが、まもなく新政策が実施されたことから見れば、成果が十分でなかった可能性は高い。

新政策とはまずこの翌年、養老七年（七二三）に発布された「三世一身法」である。既存の用水を使うか用水も新設したか、によって一身のみの利用か三世にわたる占用かは異なるが、いずれにしても広く個人的な墾田の開拓を推奨したのである。

しかも三世一身法が発布された養老七年は、ちょうど班田収授の班年にもあたっていた。その後の三度目の班年が天平十四年（七四二）であった。この班年において、多くの墾田の用水が既存であったか、新設であったか、を確認して占用を一身とするか三世とするかの判断を迫られたであろうことは疑いない。これ自体が相当難しい判断であるうえに、約二〇年を経たこの年までに、墾田を拓いた多くの戸主が世代交代を余儀なくされていたと思われるからである。

そのような混乱を避けつつ、しかも墾田の開拓を推奨するために、天平十五年（七四三）には墾田永年私財法が発布された。この新法によって一身・三世の別はなくなり、国司がその在任中に開墾した墾田以外は、すべての墾田が私財として認められることとなった。(3)ただし開墾には国司の許可を得ることと、墾田所有には位階と職制に応じた面積の上限が設定されていた。一品・一位の五〇〇町から初位以下庶人の一〇町まで、また大領・少領は三〇町、主政・主帳は一〇町といった面積であった。

墾田永年私財法はとりわけ効果的であったようであり、墾田は著しく増加した。いっぽうで墾田の増加は班田収授について、著しい事務量の増加となったと考えられる。口分田などの再配分すべき公田と、私有を認められた墾田との識別の作業が、新たに不可欠となったからである。事実、墾田が誤って収公されたとか、口分田が偽って墾田とされたといった訴えや、事後処理の手続きがいくつも具体的に同時代の史料に出現している。

このことと関連して班田収授の作業にも変化があった。班田収授は本来、戸籍を作成した二年後に実施されていた。ところが墾田永年私財法の施行以後では、最初の戸籍作成は天平十八年（七四六）年であったが、班田はその三年後の天平勝宝元年（七四九）であり、以後はこれが慣例となっていた。もともとは、校田は田の単純な所在確認だけであり、校班田を合わせて戸籍作成と同等かそれ以下の作業量しか予定されていなかった。ところがこれに対して、墾田永年私財法以来、墾田を口分田などと識別して記録する作業が不可欠となり、校田だけで一年分を必要とするようになったからである。(4)

班田図が最初に整備されたのは天平十四年（七四二）であり、この過程に関わっていたと推定される。条里プランもまたこの過程において完成した。ただし、班田図の作製と条里プランの整備の開始時期は国によって必ずしも同一ではなかった。詳細はすでに述べたことがあるので省略するが、条里プランの完成の初見は、天平十五年の弘福寺田数帳（山城国）である。ただしその表現は、「路里十七口利田二段七十二歩」といった形であり、山城の国で後に利用された数詞の条による里の位置表現を欠如している。山城国の天平十四年班田の際に編成されたのは、まだ進行途上の条里プランであったか、条ごとに編成された条里プランの条を記載する慣例がまだ確立していなかったか、といった可能性がある。後者は、班田図が条ごとに一巻として作製されたと考えられていることとかかわる可能性もある。

このほか例えば伊賀国では天平二十年（七四八）ころ、越前の国では天平勝宝七歳（七五五）、讃岐国では天平宝字六年（七六二）ころが条里プラン完成時期であったと考えられる。(5)

『続日本紀』には、このころの寺領についても記載がある。墾田永年私財法が施行されてほどなく、天平勝宝元年（七四九）には、東大寺・大安寺・薬師寺・元興寺・興福寺などにそれぞれ墾田一〇〇〇町が勅施入され、同年には東大寺四、〇〇〇町、元興寺二、〇〇〇町、大安寺・薬師寺・興福寺・法華寺・諸国国分寺等各一、〇〇〇町などの墾田所有面積の上限も定められた。最大の墾田所有枠を確保したのが東大寺であり、その東大寺領については具体的に検討を可能にする史料も多い。小稿では、その東大寺領と条里プランとの関係を中心に検討する。その前に、先に言及した讃岐国山田郡の弘福寺領について、以下の検討に関わる経緯について、若干の点に触れておきたい。

弘福寺田は和銅二年（七〇九）に設定された二〇町を基礎とした寺領であった。従って、三世一身法や墾田永年私財法、さらには東大寺などの墾田所有枠の設定などの流れとは別の由来を持ち、むしろ『続日本紀』が和銅四年条に記す、「諸寺」が「田野」を占有する傾向の一例であった。天平七年（七三五）には、弘福寺田は計二〇町一〇束代（一町は五〇〇束代）の「田」と一、四一三束代（二町二九七歩余）の「畠」からなっていた。その所在地は同年の弘福寺領讃岐国山田郡田図に描かれていた。同図は寺領を、直線状の「山田香河二郡境」の東側に添った、面積一町（五〇〇束代）の碁盤目の中に標記している。この方格網はやがて完成する条里プランに等しいが、各碁盤目の中には「樋蒔田」などという「小字地名的名称」と地目、面積、「直米」額、が記され、条里呼称は記されていない。ところが、天平宝字五年（七六一）の校田とそれに続く班田の結果、弘福寺の一部を誤って収公し、口分田として班給したとして、その是正の手続きが行われたことを史料で確認することができる。(6)

この結果を示す史料は「八条九里卅一池田一段百六十歩」といったように典型的な条里呼称法によって田の所在を記載しており、この時点までには、一町の方格網に加えて条里呼称法が整備され、条里プランが完成していたことが知られる。ただしこの年次はすでに述べたように、最初の完成事例である天平十四年（七四二）から見ると二〇年ほども後であり、かなり遅い時期であったことになる。

## 三　東大寺領と条里プラン

### (一)　東大寺領荘園図

東大寺が四、〇〇〇町もの墾田所有枠を確保したのは、すでに述べたように天平勝宝元年（七四九）、大仏開眼供養が行われたのは天平勝宝四年（七五二）であった。条里プランの完成は早いところで天平十四年（七四二）、かなり遅いほうの讃岐国で天平宝字六年（七六二）ころであった。

東大寺は多数の荘園図を伝えており、正倉院宝物として多くが伝存しているが、ほかに奈良国立博物館などにも所蔵されている。多くがこの時期に関わり、八世紀中ごろから後半にかけての時期のものである。

「近江国水沼村墾田地図」と「近江国覇流村墾田地図」が天平勝宝三年（七五一）の年紀を持ち、東大寺領荘園図の中では初期の地図である。近江の国のこの二つの荘園図には、いずれも東西に長い長方形であるものの、条里プランに合致する方格が描かれており、各方格には、さきに讃岐国の例で示したように「〇条〇里〇＋小字地名的名称＋面積」の形となる条里呼称の記入がある。水沼村は犬上郡に、覇流村は犬上郡と愛知郡にわたって立地した。つまりこの時点で条里プランは完成していたことが知られる。完成時期がそれ以前の班年とすれば、おそらくは天平二十年（七四八）であろう。

また、水沼村は犬上川扇状地の段丘化した扇側部、覇流村は琵琶湖岸の砂礁と荒神山に囲まれた低湿地（現在半分は曾根沼、半分は干拓地）に所在していたことを記憶しておきたい。

次に作製年が早いのは「摂津職嶋上郡水無瀬荘図」であり、天平勝宝八歳（七五六）十二月十六日の年紀が記されている。同図には方格が描かれているものの条里呼称が表記されておらず、寺領部分は単に「畠」、周辺の田は「谷田・桑原田・新治田」といった小字地名的名称と面積が各区画に記入されている。つまり先に紹介した弘福寺領の讃岐国山田郡田図と同じ様式である。ここでもまだ、条里プランは完成していなかったことになる。なお、摂津国水無瀬荘の位置は淀川の支流、水無瀬川の谷口付近である。水無瀬荘図には、畠の中に荘所の施設を表現しており、畠は園宅地を意味するので、水無瀬荘は単なる墾田ではないと考えるべきであろう(7)。

ところが神護景雲元年（七六七）の太政官符では、摂津国でも完成した条里呼称によって土地の所在を表現しているので、この間の班年に条里プランが完成したとすれば、それは天平宝字五年（七六一）であった可能性がある。

## (二) 東大寺領高串村

天平神護二年（七六六）越前国坂井郡高串村東大寺大修多羅供分田地図（図1参照）は西側に「岡」列を絵画的に描き、東側には同様に「串方江」を描いている。両者の間に方格を描き、いくつかの区画に条里呼称と小字地名的名称によって、計六町の寺田と「葦原」を標記している。このうちの寺田は既墾の「見開田」であり、田と葦原の所在地は、現在の福井市白方付近の三里浜砂丘とその東側の水田地帯に相当する。付近一帯には、かつて低湿地や湖沼が多かったことを表現している。なお、見開の寺田は「改正田」と「買得田」からなっていたが、次のようにその由来は多少複雑であった。

同年の越前国司解によれば、これらの寺田は本来、高椅連縄麻呂の墾田であった。天平勝宝九歳（七五七）に間人宿祢鷹養に売られ、さらに天平宝字八年（七六四）に東大寺が買得したものであった。ところが天平神護二年の越前国司解には、「然図田籍帳、誤付二縄麻呂之名一、加以、券文注レ坊、与二天平宝字五年田図勘検所一違レ坊、今実録改二正寺田一已訖」と説明されている。改正とは図籍の訂正であり、高串村図に記された改正田、買得田はこれの修正手続きを経た結果であった。

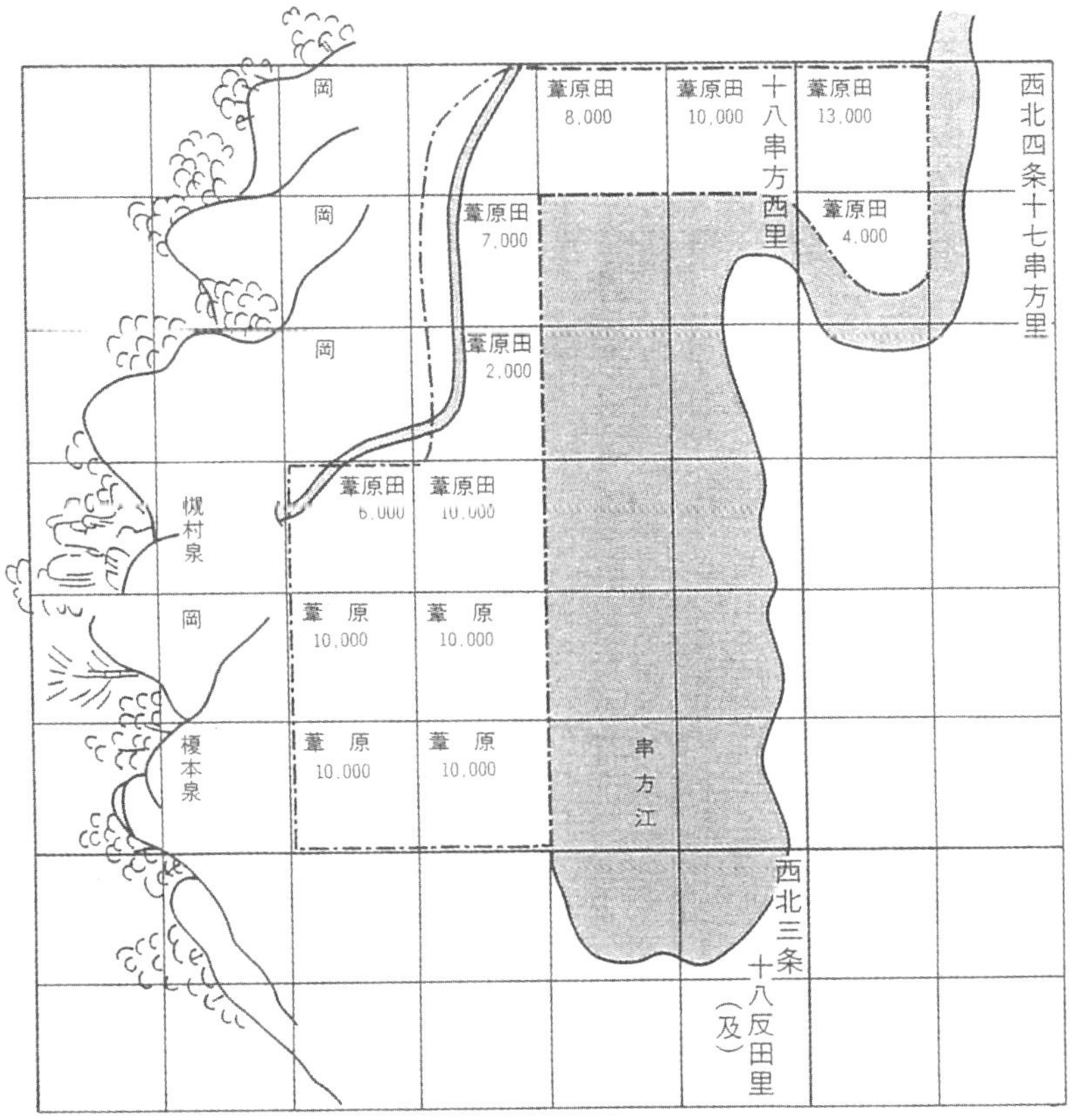


図1　高串村供分田地図の概要（金田章裕『古代日本の景観—方格プランの生態と認識』172頁［吉川弘文館　1993年］）

ところでこの越前国司解から、天平宝字四年（七六〇）には「校田駅使」が活動していたこと、翌天平宝字五年が「班年」であったことも知られる。したがって坂井郡に存在した「天平宝字五年田図」とは、同年の班田図であったことも知られる。また、縄麻呂の名が記されたままの「図田籍帳」が所在したことが知られる。

この図田籍帳とは、田図と田籍であり、田図は前述のような班田図であるが、校田の際にも校田図が使用されたことが知られている。ただし、地図としては、校田図と班田図は一方を基図として再使用され、加筆訂正が行われたものと考えられている。いずれにしても校班田図は、原則として校班年毎、すなわち六年ごとに作製される。

したがって越前国司解が記す「図田籍帳」とは、遡って「勘検」したのが天平宝字五年田図であったから、その六年後に作製されたものであった可能性が高い。まさしく国司解と同年にあたる天平神護二年に作製年が来ていたことになる。おそらく、出来たてである天平神護二年（七六六）の図田籍帳が、高串村図作製時の直接の典拠となったものであったものの、誤ってそれに縄麻呂の墾田を標記していたと考えられる。しかし同時に、それらが「坊（条里プランの方形区画の奈良時代の呼称）」を表現していたことがまず知られる。このことは同時に、遡って参照した天平宝字五年（七六一）においてすでに、条里プランが完成し、田図ができていたことになる。

しかも幸いなことに高串村については、天平宝字八年（七六四）に東大寺が鷹養から「三三貫」の代価で墾田を買得した際における、その買得を認可した越前国公験が残っている。この天平宝字八年の越前国公験が条里呼称によって田の所在を表記している。これに対して、これより一〇年ほど前の天平勝宝七歳（七五五）における、同じ様式の公験が、やはり坂井郡の土地であるのに、まったく条里呼称法を使用していない。したがって、この事実からも坂井郡の条里プランの完成は、七五五年以後、七六一年以前となる。

ただし、この天平宝字八年の公験に記された条里プランは、高串村図に表現された条里プランと比べると方位が異なり、かなり東に傾いた方位を南北と認識していたと考えられる。田の所在はどうしても現地の地形条件に左右されるので、墾田が存在し得た可能性を考慮すると、砂丘の方向に沿って東に傾いた方格を想定していたとしか考えられないからである。言い換えれば天平宝字五年田図の段階では、実際には北北東から南南西にのびる三里浜砂丘の方向を、南北方向だと認識していた可能性が高い。しかもこの公験の表現によれば、天平神護二年の越前国司解に説明しているように田の所在する「坊」が異なっているのみならず、里の名称まで異なっていたのである。(8)

ところで、高串村図の基礎となった天平神護二年の田図に、天平宝字八年の墾田譲渡の結果が反映していないというのは、事務手続き上のミスに他ならない。しかし、その背景に天平宝字五年田図ないしそれ以前からの条里プランの不正確さがあった可能性が大きい。越前国では、条里プランが郡毎に郡域を四象限に分割した形となっているが、坂井郡の条里プランも、高串村図には明確に同様の様式であったことを示す条里呼称が標記されている。高串村はその坂井郡の四象限分割の中心部から遠く、しかも九頭竜川を隔てた西岸にあった。高串村付近が砂丘近くの池を挟んだ低湿な地域であることも、当時の地図作製者たちの認識に影響して条里プランが不正確な状況であり、それが影響して天平宝字五年田図そのものもまた不正確であった可能性が高い。事務手続き上のミスが起こった具体的な理由は不明であるが、田図そのものにも問題があった可能性は否定できない。天平神護二年図の際にはその不正確さの是正が一部行われたと考えてよいであろう。しかし、問題は残っていたことになる。その結果東大寺は、一度は買得していたはずの墾田を、一部については改正の手段をとることができたものの、一部は再度買得することを余儀なくされた。

## ㈢　東大寺領道守村

天平神護二年（七六六）越前国足羽郡道守村開田地図は一・五×二メートルに近い大きな地図であるが、その概要は図2の如くである。東側を「木山・寒江山・船越山・黒前山」の山々（現在の足羽山・兎越山）、西を「味間川（現在の日野川）」、北側を「生江川（現在の足羽川）」に限られた範囲であり、東南から二本の溝（一本は寒江に流入（「長一千七百」余丈、一本は「寺溝」）が入り、分流しつつ北西方向に向かっている。黒前山の南に「柏沼」があり、中央西側には「上味岡・下味岡」がある。

同図には方格網が描かれ、各区画には条里呼称法と小字地名的名称によって「寺田」、「田辺来女墾田」などの「面積が詳細に標記されている。つまり条里プランは完成した様式として表現されている。

ところがこのような詳細な表現をもとに同図を現地に比定すると、図3のように足羽郡全体として復原される条里プランと若干異なった様相であることが判明する。河道の位置や形状は洪水などによって変わりやすいとみられるので詳細な位置の対比には不適当であるが、豊富に表現された山や岡を基準として比定することができることによる。図3のように、比定の結果はまず、開田地図に表現された南北方向の条里プランの方格線が、実際には少し西に傾いた状況のものを南北方向であると認識した表現であることに注目したい。次に、東端の一里半ほど（西北九里と十里の東半分）が西側より一里分ほど北にずれている状況を一連のものとして表現していると考えられるのである。このような条里プランの状況の違い、あるいは齟齬の背景として考えられる理由はどのようなものであったか、と

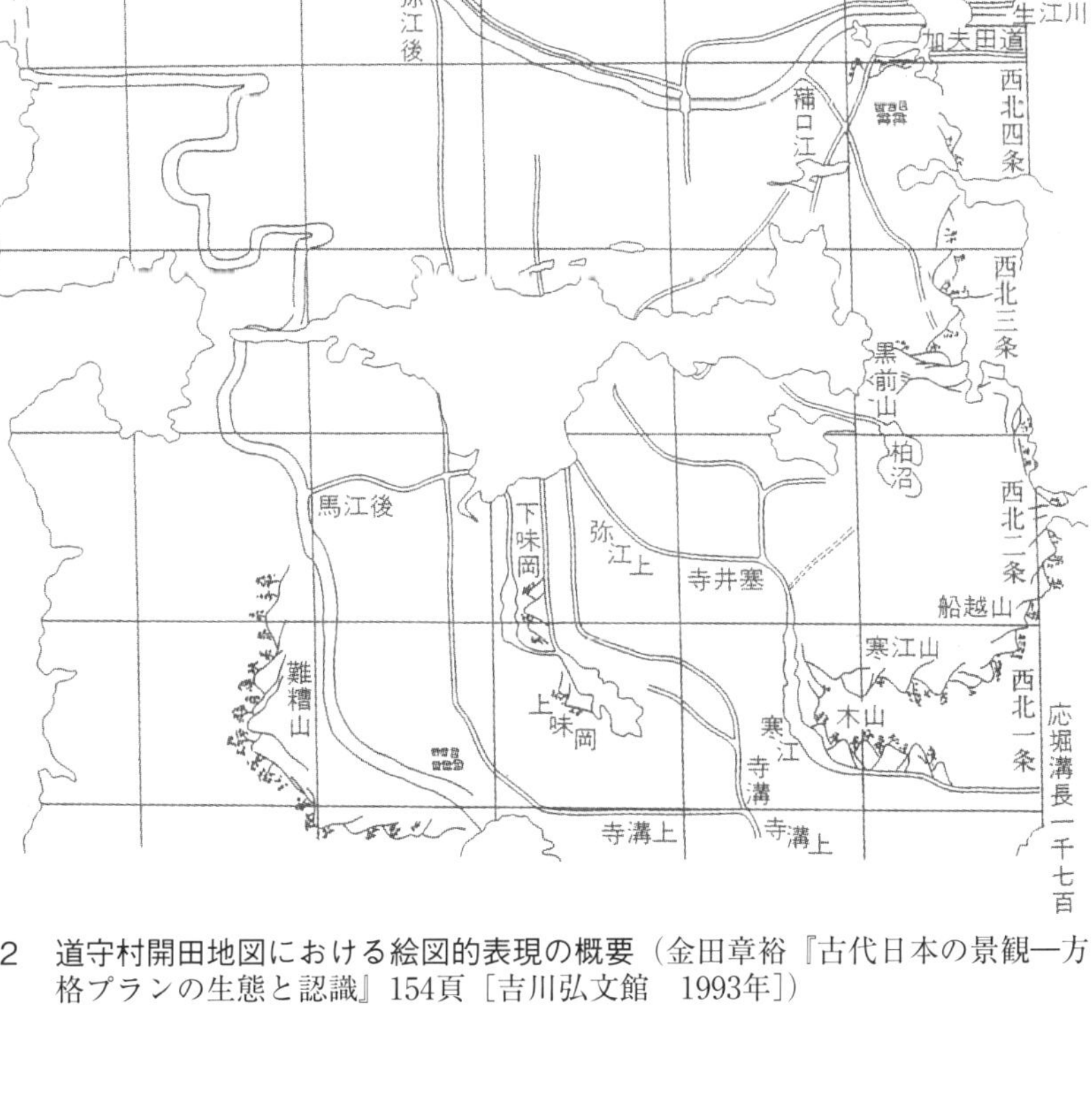


図2　道守村開田地図における絵図的表現の概要（金田章裕『古代日本の景観─方格プランの生態と認識』154頁［吉川弘文館　1993年］）

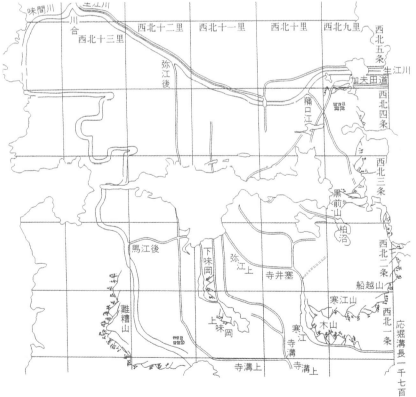

いう点が一つの問題である。

先に高串村図をめぐる検討の中で、坂井郡では天平神護二年に、少なくとも二度目の班田図ができていたことが知られた。基本的に足羽郡においても同様であったと考えてよいとすれば、道守村一帯でも同様であった可能性が高い。高串村図が天平神護二年班田図を基図としていたとすれば、おそらく道守村図も同様であった。その班田図と道守村図が前述のように、やや西に傾いた条里プランの方格網と、東側付近にそれと若干齟齬のある方格網を、一連の条里プランとして表現していた背景の状況は次のように推定される。

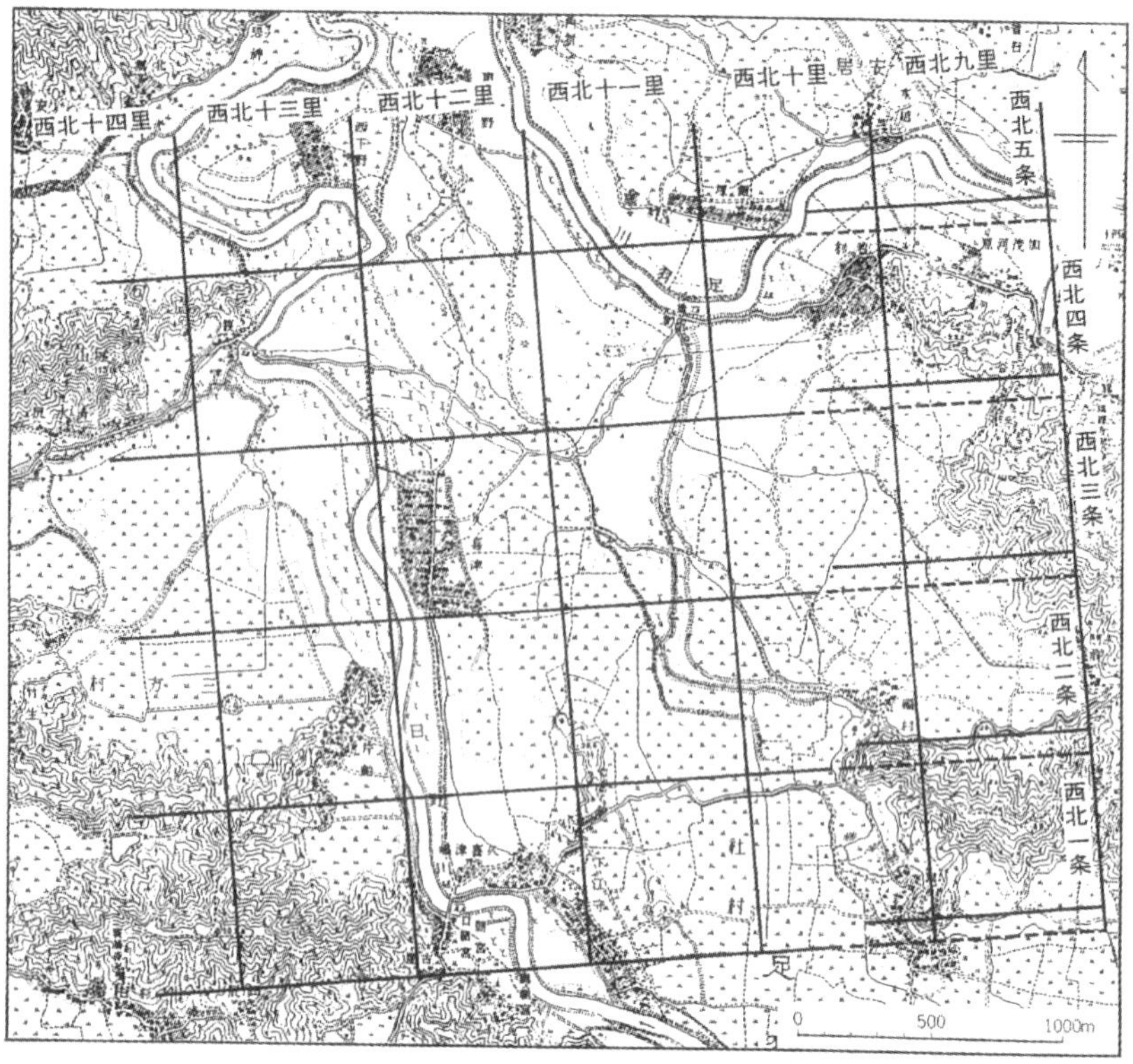

図３　明治42年地形図と道守村開田地図現地比定の説明（金田章裕『古代日本の景観—方格プランの生態と認識』155頁［吉川弘文館　1993年］）

東大寺領道守村成立の経緯を振り返りたい。膨大な墾田所有枠を確保した東大寺は、その年、天平勝宝元年（七四九）のうちに僧平栄を越前国に派遣した。それに応じて東大寺墾田を設定したのは越前国守と、それ以下の国司達であった。東大寺領道守村の中核となったのは地元足羽郡の有力者であった生江臣東人の寄進地「百町」であった。東人が墾田開拓を進めた時期は正確にはわからないが、寄進当時においては造東大寺司史生であり、また同寺野占使も務めていた。その寄進の功その他によって位階をすすめ、さらに足羽郡大領となったと思われる。それから一五年ほどを経た時期に作製された開田地図である。東人の墾田に由来する部分の詳細な位置の特定には不適当であるが、道守村西部の寺田の大半がこれに由来する田地であったと考えられている。

一方、東部の柏沼周辺および北側中央部を中心に、開田地図には多くの田辺来女の墾田が記入されている。田辺来女の墾田が東大寺の開田地図に逐一標記されているのは、寺領の表現を目的とした開田地図としては理解に苦しむ。しかし、田辺来女が上毛野公奥麻呂の戸口であり、その墾田が天平宝字八年（七六四）の藤原仲麻呂の乱に連座して没官地となり、やがて東大寺領に組み込まれたことからすれば、理解が容易となる。開田地図作製の翌年の事であるが、東大寺は「件来女田、寺地有レ傍、相接尤甚、地勢一院、溝堰同用」としているのである。地形が一纏まりなのは開田地図をみても明らかであるが、それ以外に挙げられた理由は、東大寺領成立以前に由来する状況を列挙したものとみられる。(9)

上毛野公奥麻呂はかつて越前国少目《しょうさかん》であり、天平宝字三年（七五九）の糞置村開田地図に名を連ねていた国司の一人であった。前述のように墾田永年私財法では、国司は在任中に得た墾田を永年資財とはできなかったので、越前在任中の墾田を戸口である田辺来女の名義としたものであろうと考えるのが最も容易である。ところが奥麻呂の少目在任中の守は、天平宝字三年から藤原薩雄であり、同八年からは藤原辛加知であった。いずれも藤原仲麻呂の乱の中心人物であった仲麻呂の子息であり、乱に連座することを免れえなかった。当時の情勢の中で、結果的に奥麻呂もそれに連座したことになる。

奥麻呂は天平宝字三年には「暇」とあるから、彼の墾田形成はそれ以前の七五〇年代の事であったと思われる。いっぽう道守村の大半を占めた墾田を拓き、天平勝宝元年に東大寺に寄進した東人が、自身の老衰を理由に辞任を考えたのが天平神護二年（七六六）であったから、やはり四〇年代後半から五〇年代は活発な活動期であったと思われる。このことから推定されるのは、墾田永年私財法の下で二人が別々に、同時であるか否かは不明であるものの、少なくとも相前後して墾田形成に尽力していた過程であろう。その結果として、東大寺田と来女墾田が、「相接すること尤も甚だし」とか「溝や堰を同じく用いる」という事態が出現したものであろう。溝や堰を共同で利用するとは、東大寺領となった後で出現したものではなく、それ以前の段階で出現していたものと考えられる(10)。

奥麻呂の墾田（来女の名義）および東人の墾田はそれぞれの形で、いったん所有が確定していたはずである。墾田に国司の認可が必要であったことは前述のところである。つまり高串村の場合と同様に、それらは越前国公験の形で認可されているか、図籍の形で公式に記載されていたはずである。公験であれば随時、図籍であれば、早ければ天平勝宝七歳（七五五）、あるいは天平宝字五年（七六一）の班田図か、道守村開田地図と同年の天平神護二年（七六六）の班田図に標記されていたことになる。ただしすでに高串村の例で見たように、天平宝五年班田図は条里プランの認識や方位に問題があった可能性があり、天平勝宝七歳以来の表現上の問題を引きずっていた可能性がある。しかも、一定の訂正が行われたはずの天平神護二年班田図においても、標記の間違いなどを含んでいたことが判明している。同じような状況は、足羽郡の田図における条里プランの表現や、道守村をめぐる諸墾田の標記においても含まれていた可能性は否定できない。

道守村の場合も、足羽郡の条里プランからすれば第二象限に相当する西北部の、さらに足羽山に隔てられた西北の隅であった。しかも道守村は、主要なもののみでも、由来の異なる二つの大規模墾田の開拓単位を含んでいたのである。

## (四) 東大寺領糞置村

糞置村については、天平宝字三年（七五九）と天平神護二年（七六六）の二つの越前国足羽郡糞置村開田地図がある。足羽郡条里の第四象限に相当する東南隅の三方を山に囲まれた条里プランの「動谷里」（現在の帆谷付近）と「大谷里」（現在の二上付近）と名付けられた、北に開いた、小さな二つの谷からなる。二つの開田地図で山の表現法は異なるが、いずれも現地の印象を良く表現している。前者は二町余の「田」と一二町余の「野」を、後者は四町余の「田」と九町余の「野」を、いずれも条里プランの方格網の中に標記している。ただし、両者が表現する方格網に標記された田や山等はわずかに異なる（図4参照）。

ただし、天平宝字三年図の条里プランが南北方向の方核網を表現していると考えられるのに対し、天平神護二年図は、現地に残るようなやや傾いた方向の地割に沿った、傾いた方核網を、南北方向の方格プランとして表現したものである可能性が高い。これは基本的には地図作製の基本方針に由来するが、これには「田」の増加、つまり開拓の進行が背景のひとつにあると思われる。とすれば、高串村、道守村の同年の地図と同じ性格を持っていたと考えてよいであろう[11]。高串村図では、天平宝字五年班田図の間違いを幾分か訂正していたし、道守村図では、若干の齟齬のある方核網を一連のものとしていた点で同年の糞置村図と共通するのである。

とすれば糞置村の天平宝字三年図について、それではどう考えるべきなのか、という問題に直面する。つまり、この図もまた条里プランが完成していた状況を示しているのである。とりわけ、この天平宝字三年の糞置村開田地図が、先に述べた坂井郡の高串村や道守村の例より早い時期のものであることが注目すべき点である。同図には、天平宝字三年十二月三日付けで「竿使」「小橋公石正」の自著があることには、後に触れるので留意しておきたい。

ところで、高串村の例から知られたのは、坂井郡条里プランの完成が天平宝字五年（七六一）以前、かつ天平勝宝七歳（七五五）以後の期間のいずれかの時期であった。足羽郡糞置村開田地図の天平宝字三年は、この期間に含まれるものではある。

ところで、天平勝宝七歳は班年にあたり、その次の班年、天平宝字五年には、「天平宝字五年田図」が存在したことが知られている。

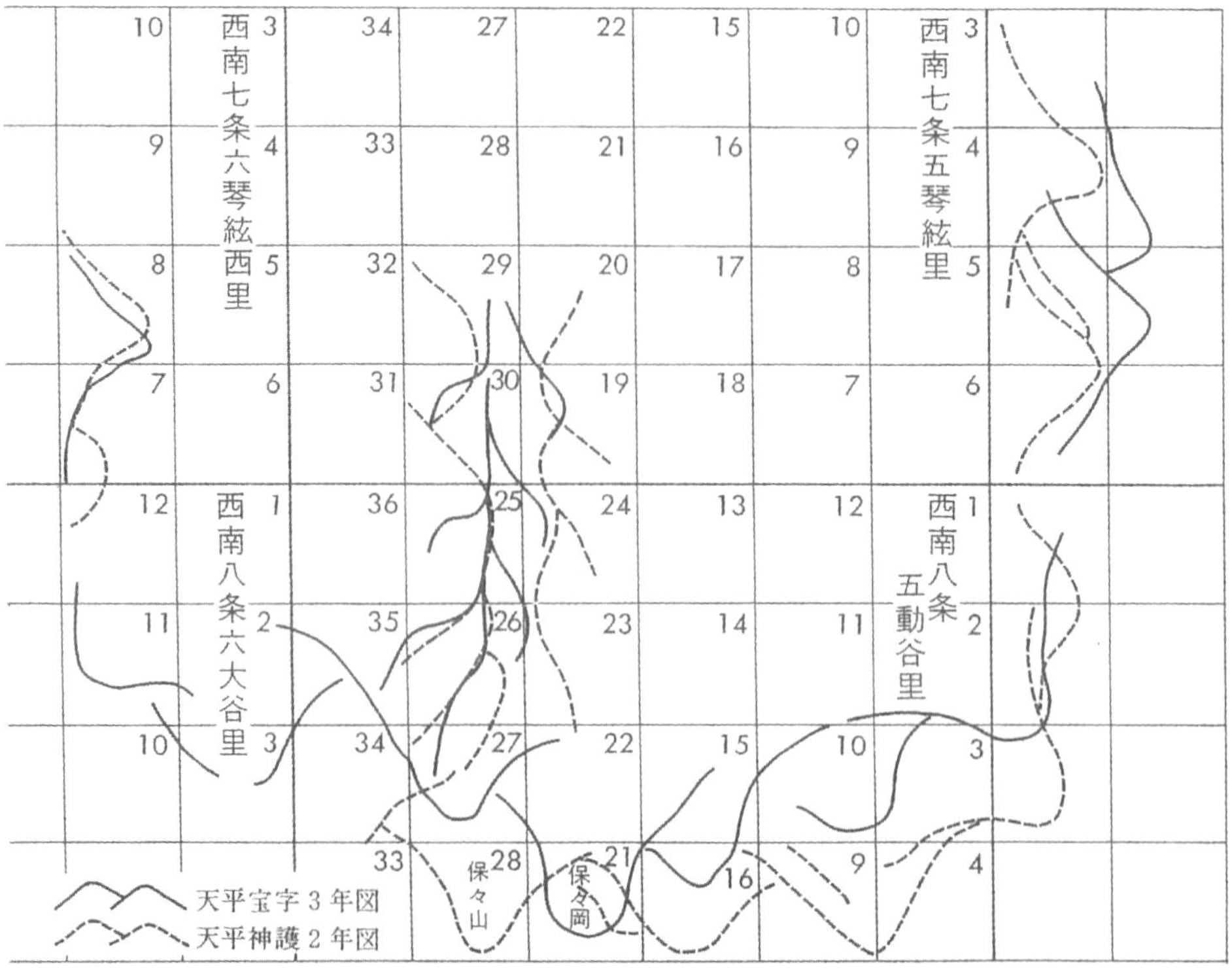


図４　糞置村開田地図における山の表現の異同（金田章裕『古代日本の景観―方格プランの生態と認識』139頁［吉川弘文館　1993年］）

糞置村の天平宝字三年開田地図が完成した条里プランを示していることからすれば、その条里プランは天平勝宝七歳に班田図が作製され、それに条里プランが明示されていたと考えるのが自然である。したがって、先の高串村の検討における推定からしても、越前国における条里プランの完成は天平勝宝七歳（七五五）であった可能性が高いことになる。ただし、前述のように同年の公験には条里呼称による土地の所在表記がなかったが、その日付は「三月九日」であった。

田令によれば班田は十一月から開始し、翌年二月末に終了することとなっていた。この規定通りに実施されたか否かは不明であるが、仮にこの手順とすれば、この公験の日付三月九日は、同じ年次であっても、班田開始前である。校田は、天平勝宝五年（七五三）に「校田使」の存在が知られており、校田は終了していたものであろうが、条里プランの完成と班田はまだであったことになる。

なお、東大寺領の占定そのものは、平栄が来訪した天平勝宝元年に始まっていたことを確認しておきたい。先の道守村に関わる、生江臣東人や上毛野公奥麻呂の墾田形成が盛んであったのも、相前後する七四〇年代末ころから五〇年代ころであったと考えられることを想起しておきたい。

### (五) 東大寺領の越中国諸荘園

越中国にも多くの東大寺領が存在し、その中には越前国の糞置村開田地図と同様に、天平宝字三（七五九）年のものが六点存在する。射水郡榠田開田地図、同郡須加開田地図、新川郡大藪開田地図、同郡丈部開田地図、砺波郡伊加流伎開田地図、同郡石粟村官施入田地図である、系譜の異なる最後者以外はすべて「天平宝字三年十一月十四日」付けで「竿使」「小橋公石正」が自署している。最後者だけは、奈良麻呂の没官地を天平宝字元年（七五七）に勅施入したものであって系譜が異なり、その位置に僧「朗賢」等の自署がある。ただし署名の日付は全く同一である。

この六点のうち新川郡大藪と砺波郡伊加流伎の二点の開田地図には、碁盤目の方格は描かれているが条里呼称の表現はない。これに対して、残りの四点は、例えば「廿七條黒田上里三行三野田二段」、などと、越中国の特徴的な条里呼称による標記をしている。条里呼称の表現のない二点はすべて「未開」であり、標記すべき対象がなかったのが条里呼称の標記のない理由であったと考えてよいであろう。すべてが未開地であれば、条里呼称が編成さなかった可能性もある。砺波郡伊加流伎の地には、神護景雲元年（七六七）に「伊加留岐村」があり、若干の既墾地が存在していたが、そこには「栗原里」の条里呼称が記されて完成した条里プランの存在が知られる（図5参照）[12]。いずれにしろ、天平宝字三年（七五九）には越中国においても条里プランは完成していたとみられることになる。従って、具体的にそれを明示する資料はないが、越前国と同様に天平勝宝七歳（七五五）に班田が実施され、条里プランが編成された可能性が高い。

越中国の東大寺荘園の多くは、やはり僧平栄の天平感宝元年（七四九年）の来訪にかかわる。この際、越中守であった大伴家持に饗応されたことが『万葉集』巻一八に記載されている。このことからすれば、東大寺領の越前国糞置村などと同様の状況を推定したい。しかも、竿使ないし僧の署名がすべて十一月十四日と、越前国の糞置村の場合の十二月三日より、二〇日ほど早い日付である。名前を連ねている国司たちが、「朝集使」あるいは「在京」と注記されているように、職務などで国府に不在の場合に署名をしていないことからすれば、竿使小橋石正は国府で署名したものである可能性が高い。とすれば、越中国府で署名の後、ほどなく越前国府でも同様に署名をしたことになる。

## (六)　阿波国の東大寺領

阿波国東大寺領には、天平宝字二年（七五八）の年紀のある阿波国名方郡新島荘図と呼ばれてきた地図と、同年と推定されている「阿波国名方郡大豆処図」がある。前者には「東大寺図入地卅一町五十歩　天平宝字二年六月廿八日造国司図案」と記入されているので、慣例の図名と異なり、「国司図案」と称すべきものであろう。前者のような呼称が生じたのは、天平勝宝八歳阿波国名方郡新島荘券に、天平勝宝元年（七四九）に「占野」された「新島地」と見えるものとの混同である。ほかに「大豆津圃」と称する地もあり、詳

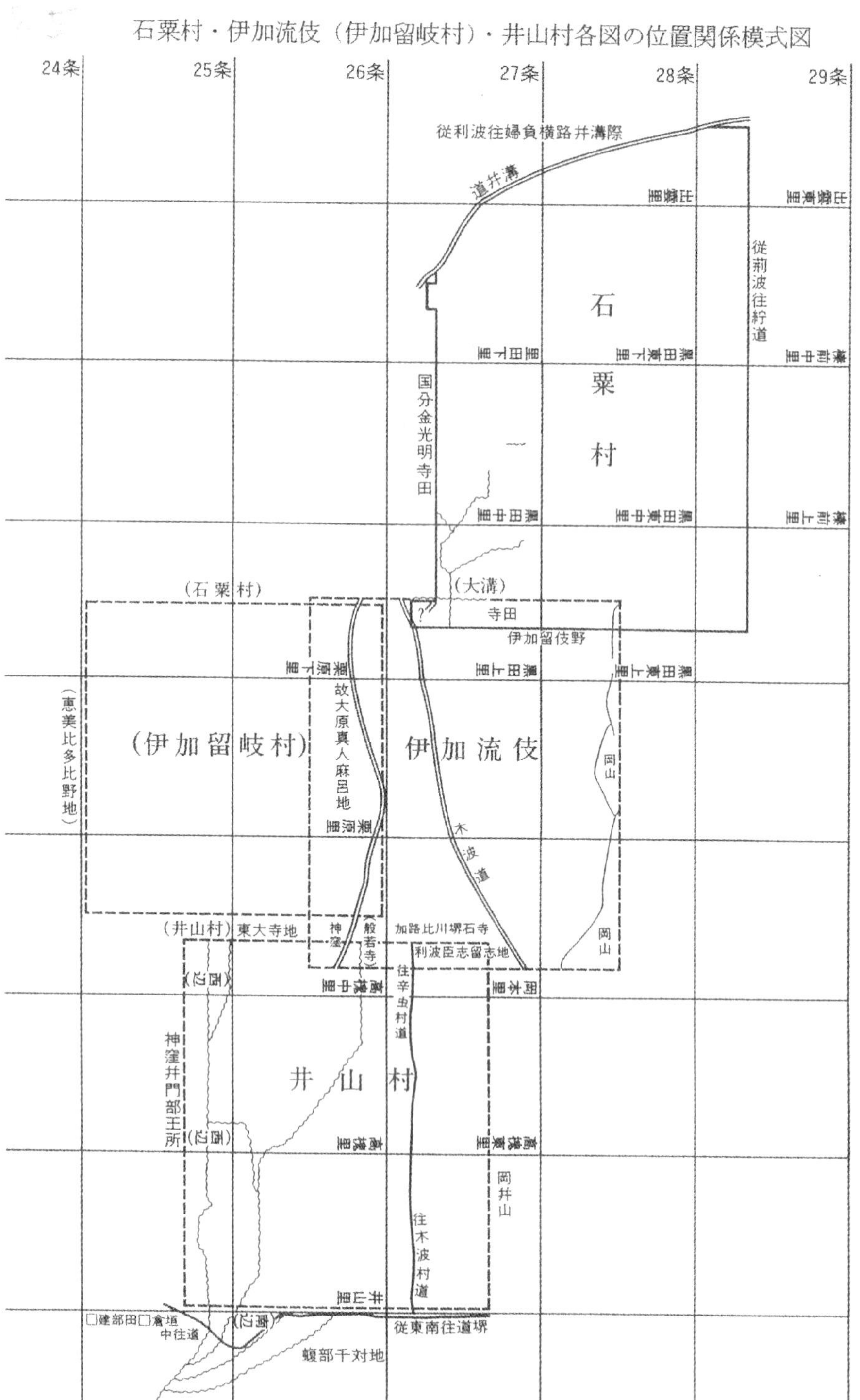


図５　石粟村・伊加流伎（伊加留岐村）・井山村各図の位置関係模式図（金田章裕『古代荘園図と景観』137頁［東京大学出版会　1998年］）

しい検証は先に発表した[13]ので繰り返さないが、承和十一年（八四四）ないし嘉祥三年（八五〇）まで、「新島地」「大豆津圃」「東大寺地」という別箇の荘園があった。天平宝字二年（推定を含む）の二点の荘園図はこのうちの前者を除く二か所のものであり、新島荘のものではない。

このほか、年不詳の阿波国新島荘坪付と称する史料があり、「東大寺地卅一町二段　券文所注」「宝亀四年図被ㇾ輸ㇾ公一町四段」といった記述がある。つまり、先の荘園図に記された面積とほぼ同様の「東大寺地」の存在、また宝亀四年（七七三）図の存在したことが知られる。

さて、「大豆処図」には、面積一町の方格線、三本の道、川（「大川」）が描かれ、方格の中に六か所「畠一町」と標記されている。この地図からは、天平宝字二年の段階では条里プランは完成していなかったと考えられる。この大豆処は大川と称する、吉野川であった可能性のある河畔の畠つまり園宅地を主としており、大豆津という名称もあるように、港湾機能を有していた可能性がある。少なくとも単なる墾田ではなかった。

一方、東大寺地「国司図案」では、「大川」ほか、「江入・江・入江」などと記した河道と「地堺・堀城・道」などの文字とそれらに相当する線などが描かれている。この図の特徴は、条里の方格線が描かれ、しかも方格内に条里呼称が標記されていることである。「大豆処図」と同年の地図でありながら、完成した条里プランを表現しているかに見えることが特徴である。しかしさらに詳細に検討すると、各方格内の右上から、つまり図名と同じ方向に、西を上にして小字地名的名称・面積などが標記されている。条里呼称はこれらの標記を避けながら、ほぼ北を上にして記入されているのである。つまり、条里呼称は、いったん成立した地図に、すでに存在した記載を避けながら記入されたか、または、条里呼称のない図（条里プラン完成以前の田図）を原図として作製したか、のいずれかであったことになる。

とすれば、もともとの「国司図案」と「大豆処図」のいずれもが条里プラン完成以前の状況を表現していることになる。天平宝字二年（七五八）にはまだ条里プランが完成していなかったことになろう。一方すでに述べたように、宝亀四年図の存在から、同年（七七三）には条里プランは完成していたとみられる。何時完成したのか、という点と、何時「国司図案」にそれが記入されたのかという点が問題になる。

讃岐国で条里プランが完成した時期は、天平宝字五年の校田と翌年の班田がかかわっていたとみられるから、班田図の作製という点からすれば天平宝字六年（七六二）となろう。具体的な資料がないまま、隣国の讃岐と同じころとするのは安易ではあるが、そうであるとすれば越前と越中の場合と同様であったと考えられる。阿波国の史料で時期を絞った七五八年と七七三年のちょうど中間であり、矛盾はない。阿波国における条里プランの完成は讃岐国と同様に天平宝字六年の班年ころと考えておきたい。ただしこの班年は、越前で確認した天平宝字五年より一年遅れていることにも注意しておきたい。

ところで先に述べたように、三か所の東大寺領荘園のうち新島荘は天平勝宝元年（七四九）の「占野」、また「東大寺地」が天平宝字二年（七五八）の「国司図案」であることからすれば、これらの地では、やはり七五〇年代ころに墾田形成が進んだものであろう。

　なお、「国司図」とは正式な地図である校班田図ではない、国司が必要に応じて作製したものと考えられる。その点でも、もともとの「国司図案」（条里呼称記入以前）が前述の弘福寺領讃岐国山田郡田図と共通性の高い地図であったことは、この推定の一つの傍証となろう。しかも「案」であるから国司図としても正式図ではない[14]。

　またこの「国司図案」には、後で条里呼称を記入したことは、すでに先に述べたように明らかである。その時期はもともとの図ができて九〇年ほど経た承和七年（八四〇）から嘉祥三年（八五〇）ころと考えている。その時点で同図はまだ使用されていたことになるが、当面の目的からは外れるので、その説明は別稿[15]に譲ってここでは省略する。

## 四　寺領占定と国司の役割

　越前国では守は、天平十九年（七四七）から茨田王であった。東大寺僧平栄が来訪し、国司とともに寺田の選定に関わったのは天平感宝元年（七四九）であったが、越前守は同年から粟田奈勢麻呂に代わり、次いで佐伯美濃麻呂と奈勢麻呂の再任があって、天平宝字三年（七五九）には藤原恵美薩雄となっていた。

　この時期の足羽郡「西南四条七桑原西里八坊　栗川庄所」の寺田に関わって、天平神護二年（七六六）の足羽郡司解が残されている。同解によれば、天平勝宝元年（七四九）五月「寺使法師平栄・造寺司史生生江臣東人」と「国使医師・足羽郡擬主帳」が「寺家野」を「占」し、同年八月には、足羽郡大領と擬主帳によってこれに「郡司判」が給された。

　さらに天平宝字二年（七五八）二月には、この郡司判を根拠として、当時の越前守佐伯宿祢美濃麻呂がこの郡司解に「国判」を与えた。この土地については、さらに問題が発生し、ここでも国司が「図幷券文を検す」事態となっていたが、寺領占定と権利確定の過程はほぼこのような状況であったと思われる。

　なお、図幷券文を検した結果として、天平神護二年には再び足羽郡司解がつくられた。造寺司史生であった生江臣東人は、この時点で足羽郡大領となっていた。天平神護二年のこの足羽郡司解には、東人もまた自署を加えていた。それに再び国判が与えられたことになるが、この折に署名した国司に守の名はなく、筆頭は介の多治比真人長野であった。

　この間、天平宝字三年（七五九）に越前守は、藤原恵美朝臣つまり藤原仲麻呂の息薩雄となり、次にやはり息の辛加知となって、仲麻呂の乱に至った時期に相当することは繰り返すまでもない。

　さて越中国では天平十八年（七四六）、当時は能登を含んだ越中守に大伴家持が任じられ、天平感宝元年（七四九）の東大寺僧平栄が訪れて東大寺領を占定した時、おそらくその占定に関わり、少なくとも平栄を饗応したことは先に述べた如く明らかである[16]。越前国の例からすれば、具体的には郡司が関わっていたと推定してよいであろう。いずれにしても郡公験が作られ、次いで国公験が作成されたとすれば、最終的にはそれに国司判が加えられたとみられる。

　また越前国と同様に天平宝字三年の開田地図が存在することから、越中国にもそれ以前の天平勝宝七歳（七五五）の班田図が存在したことを想定した。その前年、天平勝宝六年（七五四）に越中守に任ぜられていたのは石川豊人であった。少し後の事になるが、越中国東大寺領に多い神護景雲元年（七六七）の荘園図には、「専当国司」として「員外介」が充てられていたことが知られる。その任にあったのは、生江臣東人と同様に墾田形成に尽力した地元豪族、砺波臣志留志であった。

阿波国では、東大寺領荘園図が作製された天平宝字二年ころの守の名は知られていないが、「国司図案」を作製していた。条里プランが完成した可能性を指摘した天平宝字六年（七六二）の翌年には菅生王が阿波守に任じられている。

詳細な説明は前稿に譲るが「国司図」とは、設定された寺田や墾田や、寺田などへと施入すべき土地など、班田収授の対象外となるような土地の多い部分について、特別に調査をして作製した地図と考えられる。国司の責任で作製したのが名称の所以であろう。

以上のように、東大寺領荘園については、その占定に郡司や国司が様々に関わっていた。国司が墾田の認可を行うことは、墾田永年私財法の規定でもあった。東大寺僧平栄などが確かに派遣されて来てはいるが、開田地図などに連ねられた役職名を見れば、むしろ地元の郡司や国司が中心的な役割を担ったと考えられる。つまり東大寺領は、律令国家の方針のもとに国・郡の行政機構が実際上の業務を担ったと考えられる。

加えて、越前国の道守村の場合は、七五〇年代ごろに生江臣東人や上毛野公奥麻呂が大規模な墾田形成を行っていた。越中国の場合も、相前後する時期に橘奈良麻呂の広大な墾田が形成され、没官地となって東大寺に施入された。天平宝字三年（七五九）石粟村図を残す石粟村の田地が開拓されたのもおそらく七四〇年代終わりころから、五〇年代にかけてのころであろう。砺波臣志留志が米三〇〇〇石を寄進したのが天平十九年（七四七）、百町と標榜された墾田の寄進が神護景雲元年（七六五）であったから、これもまた相前後する時期であったと思われる。

## 五　条里プランの完成時期

越前国・越中国ではいずれも、天平宝字七年（七五五）に条里プランが完成した可能性が高いとの考えに達したが、いずれの国でも地元豪族や国司層、有力中央官人などによる大規模墾田が形成され、さらに大規模な東大寺領が形成されていた時期であった。繰り返しになるが、墾田永年私財法（天平十五年（七四三））と大寺院の墾田所有枠の設定（天平勝宝元年（七四九））がこれらの墾田の出発点であるから、これらの墾田の所在地確定、その記録、確認の必要性の増大が、条里プラン完成の背後にあった可能性は極めて高いといえよう。

これらの墾田には、国司の認可が必要であったことはもちろん、とりわけ東大寺領については、国司・郡司の行政機構が大きくかかわっていたことは先に述べた。墾田には国司の認可が必要であったことからすれば、それが条里プラン完成への、必要性の急激な高まりとなった可能性は高かったと思われる。

条里プランの完成に至った時期を、東大寺領の荘園図を中心に検討した結果、近江国では天平二十年（七四八）、越前国・越中国では天平勝宝七歳（七五五）、摂津国では天平宝字五年（七六一）、阿波国では天平宝字六年の班年、と推定した。ほかに山城国では天平十四年（七四二）、伊賀国では天平二十年、讃岐国では天平宝字六年の班年と、すでに推定していた。大和国では、神護景雲元年（七六七）に見られる条里呼称は特殊な様式であり、宝亀八年（七七七）に完成した形が見られる。後世に広く展開した条里プランの完成を、この間の班年とすれば、大和国では宝亀四年（七七三）となる。

これらの班年を条里プラン完成年と推定して、その年次を単純に整理すれば次のようになる。

山城国—七四二年
伊賀国・近江国—七四八年
越前国・越中国—七五五年
摂津国—七六一年
阿波国・讃岐国—七六二年
大和国—七七三年

ただし、このうちの山城国と讃岐国は弘福寺領による検討であり、東大寺領によるものではない。また山城国の弘福寺領の条里呼称（七四二年）を特殊なものとみて、さらに大和国の七六七年の特殊な様式を考慮するとすれば、畿内のこの二か国の例は条里プラン完成途上における、やや特殊な、試行段階とでも位置付けることができるものであった可能性がある。

そのうえでこの一覧を時期に注目して見ると、

（1）国によって条里プランの完成年が異なることが、まず改めて知られる。

（2）越前国と越中国が、伊賀国と近江国の七年後であり、

（3）阿波国と讃岐国もまた、越前国と越中国のさらに七年後であることが知られる。

（4）阿波国と讃岐国は摂津国の一年後の時期である。

このうち、（2）と（3）は、校班田に律令の規定より一年分余分に期間を必要としたことを反映し、条里プランの編成にも期間を要した可能性を示すものである。（4）は、その作業期間を、摂津国ではそれほどには必要としなかったことになる。

この一覧を地域的にみると、

（ア）畿内国では最も早い例（山城国）と最も遅い例（大和国）があり、その中間（摂津国）もあって、時期のばらつきが大きい。ただし、前述したような試行段階などを反映している可能性についての検討も必要である。

（イ）伊賀国・近江国の「近国」が早く、北陸道の越前国・越中国の「中国」がこれに次ぐ。

（ウ）南海道の阿波国も「中国」であるが、北陸道より遅れる。

（ア）を別とすれば、（イ）（ウ）の過程には開発状況が関連する可能性がある。とすれば東大寺領の存在とも関わる。しかし、園宅地である畠を中心とし、耕地以外の荘所や港湾といった機能を強く有した摂津国水無瀬荘と阿波国大豆処を、単純にほかの墾田と同一視するべきではないであろう。

やはり、活発な墾田形成の進行が条里プランの編成の必要性に結びついた可能性の高い、越前国と越中国に注目すべきであろう。この文脈で考えると、類似の状況が進行し、その必要性が高まった時期が、「近国」の伊賀国と近江国では「中国」の越前国と越中国より、少し早かったと考えられることになる。

開拓状況一般から見てこの状況であるが、加えて国司・郡司が官

衙の機能を挙げて対応をした東大寺領が、その必要性を著しく増大させたとみられる。

（きんだ　あきひろ・京都大学名誉教授）

**（註）**

（1）岸俊男「班田図と条里制」（『魚澄先生古稀記念国史学論叢』一九五九年初出）『日本古代籍帳の研究』（塙書房、一九七三年、再録）

（2）金田章裕『条里と村落の歴史地理学研究』（大明堂、一九八五年、一二一—一四頁）

（3）吉田孝『律令国家と古代の社会』（岩波書店、一九八三年、二六四—二六五頁）

（4）虎尾俊哉『班田収授法の研究』（吉川弘文館、一九六一年、三〇七—三一六頁）

　金田章裕『古代日本の景観』（吉川弘文館、一九九三年、二一—一一頁）等

（5）金田、前掲註（2）四三二—五六頁。金田、前掲註（4）

（6）金田、前掲註（4）（九四—一三一頁）

（7）金田章裕『古代荘園図と景観』（東京大学出版会、一九九八年、六四—八三頁）

（8）金田、前掲註（4）（一七〇—一八一頁）

（9）金田、前掲註（4）（一五二—一七〇頁）

（10）金田章裕『古地図から見た古代日本』（中公新書、一九九九年、六四—六七頁）

（11）金田、前掲註（4）（一三一—一五一頁）

（12）金田、前掲註（7）一二八—一六三頁

（13）金田、前掲註（7）二三三—二六〇頁

（14）金田、前掲註（7）八六—八九頁

（15）金田、前掲註（7）二三三—二六〇頁

（16）金田、前掲註（7）五五—五八頁

# 修二会の研究者と練行衆の接点

橋本聖圓

## 一　あこがれていた「おたいまつ」

東大寺二月堂の修二会（以下「修二会」と記す）は、地元の人たちには「おたいまつ」と呼ばれて、季節感の豊かな行事として親しまれてきたが、私が小さかった頃には、「お水取り」のある十二日の夜から翌々日までは、下の広場に「みたらしだんご」の店が出るほどの賑わいが見られたものの、ほかの日には人影もまばらという日が多く、近在の子供たちが十人ばかりも集まって、松明が振られるごとに歓声をあげている程度であった。しかし子供心にも、二月堂界隈の雰囲気は魅力的で、焚火の光に照らされた宿所や湯屋の辺りで立ち働く法被姿の人たちの姿や、松明の杉葉が焦げる匂いが独特の雰囲気を感じさせた。その頃住んでいた指図堂の庫裡に、庭に張り出した廊下があったので、松明に見立てた箒を担いで歩き、廊下の角に突き出して振ってみたり、「ゲンサイ・ダイジンリキ・コーミョウシジョウ」と唱えながら—これは後夜の前行道の真似をしていたことが、ずっと後年になって分かったのであるが—四股を踏むように歩いたりして遊んでいた記憶がある。合掌して「ナムカンジーザイ　ナムカンジーザイ」と叫びながら池に飛び込んでいた子供のことも聞いたことがあるが、近在の子供たちは、皆「おたいまつ」が好きだったのである。

　私は小学校六年生の時に得度を受けたので、それからは決められた日毎に小僧姿で二月堂に出仕して、練行衆の勤行振りをよく観るようになったし、大学に入った頃には写真が好きになっていたので、修二会が始まるのを待ちかねるように、カメラを持って二月堂に通うようになった。

## 二　つまずいた悔過作法

　そんなわけで、修二会がどのように進行するのかということは一通り心得ているつもりでいたのであるが、昭和三十六年、二十六歳の時に初めて練行衆として参籠した時には、それがとんでもない間違いであることが分かった。

「別火」という前行の間にも、その名を聞いたことのない行事が幾つもあったが、本行の最初の日になると、午前一時から食堂で行われる授戒に続いて、本堂で「最上箱《さいじょうばこ》」と呼ばれる行事があって、突然「お前の役や」といわれて、戸惑ってしまった。いわれる通りにやってみると、さほどのこともない仕事であったが、その後も予期しない小さな行事が次々にあって、次に自分がどうすればいいのかが分からないまま、暗闇で手探りをするような気持ちで、本行を始めることになった。

はじめて修二会に参籠する「新入《しんにゅう》」の者は、普通「処世界《しょせかい》」の役で籠もるのであるが、塔頭《たっちゅう》寺院の徒弟の場合は、本行の三日目に初夜の時導師《じどうし》を本節《ほんぶし》で勤めなければならない。新入の練行衆が初めて時導師を勤めるのを「称揚《しょうよう》」と呼んでいるが、管長、長老をはじめ、参籠していない人たちも礼堂に出仕しての晴れがましい行事である。聲明集《しょうみょうしゅう》には長々しい節のついた句が沢山書かれていて、一定の所作をしながら暗記でそれを唱えなければならない。

二箇月も前から繰り返し稽古をして、別火でも何度か皆に稽古をつけてもらったのであるが、いざ称揚の時になると、堂内の厳粛な雰囲気に圧されたのか、日頃の修練の結果を充分に披露することができなかった。特に「称名悔過《しょうみょうけか》」の初め、「南無毘盧遮那仏」と唱え出すところで、臆した気持ちを払おうと張り切ったからか、声が高くなりすぎた。最初の一句を高く出してしまうと、途中で音程を下げるのが難しく、後で一段と高く唱えるところで声がうわずって、あまり良い出来とはいえなかった。

参籠二年目からは、日中、日没《にちもつ》、初夜、半夜、後夜、晨朝の「六時」それぞれの時導師を交替で勤めることになるが、「時《じ》」毎に唱句や節に違いがあり、また日によっても違うところがあるので、一通り憶えるのに苦労する。また、全体に称揚の時よりもテンポがずっと早いので、少しでも詰まったり、間違えて「しまった」と思ったりすると、次々とつまずくことになりかねない。

今度こそと思っても、なかなか無傷で通すのが難しく、「まずいな」と思っているところへ上席の人から小言をいわれたりすると、なお気持ちが滅入ってしまって、宿所に戻ってからも眠れないというのが毎夜のことであった。身心の疲労と寝不足が重なると失敗も増えるので、次第に自己嫌悪を覚えるようになった。日頃の過ちを懺悔《さんげ》して身心の浄化をはかるというのが修二会の趣旨であるが、行をしながら間違いを繰り返して行法の次第を乱し、皆に迷惑をかけるようでは練行衆の資格がないのではないかという気持ちに捉われて、悶々とした日を重ねることになった。

## 三　ひとすじの光

そのような次第で、一、二年の内は、自分の勤めを果たすのが精一杯で、大導師や咒師の作法に注意を向ける余裕などはなかったのであるが、ある時、少しは落ち着きができていたのか、大導師の唱える「諷誦文《ふじゅもん》」の声を聴いて、はっとしたことがあった。

「諷誦文」というのは、信者の依頼に応えて、家内安全、病気平癒などの祈願を、一定の形式に従って大導師が唱えるのが普通であるが、練行衆自身の祈願として、世界平和を祈り戦没者を慰霊するのが数年来の慣わしになっていた。すべての行事が厳格な決まりの通りに進められる修二会としては珍しく、何年か前に大導師であった上司海雲師の発案が練行衆の賛同を得て実行され、それが恒例化したものと聞いている。二種の諷誦文のうち世界の平和を祈る諷誦文を記しておくことにする。

「敬て白す諷誦文の事。
三寶衆僧の御布施《おんぶせ》一裹《いっか》。右旨趣は、天下泰平萬民快樂を祈らむがため、補陀洛の霊場に詣して三箇の金鈴を鳴らすものなり。
夫れ、つらつら自然界を觀ずるに、慈雨灌ぎ慈光照らして、花笑ひ鳥歌ひ、生命の歓喜天地に充ち満つ。然るに淺しくも具縛の凡夫、生命の尊貴を知らず。朝に瞋り夕に争ひて止まる事なく、日夜、地獄餓鬼畜生の相を現ず。近年科學の驚くべき發達は、前《さき》に原爆を生み、今また水爆の出現を見るに至る。偏に怖る、天地戦禍の荒野と化し、遂には世界消滅人類絶滅に至らむ事を。爰に吾等、日夜悔過懺悔の苦行を重ね、自他身心の浄化を祈る。定めて觀自在薩埵、一心稱名の音聲をみそなはし給ひ、常念恭敬の功徳は三毒の苦を離れしめ、念彼觀音の力用は刀杖を段々に砕かん。希くは、盧舎那の光明は宇宙に遍満して、あらゆる闘争はその影をひそめ、觀音の慈愛は天に満ち地にあふれて、世界永遠の平和樹立して、雑華爛漫、八葉の妙蓮は馥郁として佛國土を荘厳せむ事を。
仍て所修件の如し。
昭和三十三年今月今夜　練行衆一同敬て白す。」

この文は海雲師の第二稿で、原子爆弾の恐るべき破壊力を遙かに超えた水素爆弾が発明され、その実験が行われたことで、更に危機感をつのらせて筆が加えられた由である。

　自分自身の事に捉われて鬱々とした日々を過ごしていた時だけに、世界人類の生き方を問いかける大導師の声が、ずんと胸に響いた。現代人の一人として、人の生き方、世界のあり方を改めて問い直すべきことを教えられたような気がしたのである。目前の些事さえも解決できない者に、人類の行く末を論じるような資格があるのかという思いもあったのであるが、それでも自分の中で何かが変わったという感じがあった。半世紀を経た今でも、その時の感慨は、そのまま胸に残っている。

　それから幾らも経っていない頃のことと思うが、大導師の唱える「懺悔祈願文《さんげきがんもん》」の声にも、心をうたれた事があった。

　二週間の本行の間に四回、日中の行の後で「数取り懺悔《さんげ》」と呼ばれている行事がある。内陣で一定の作法があったあと、堂司《どうつかさ》の差配に従って、数珠を擦り上げながら上半身を屈伸させて、一斉に礼拝を繰り返すのであるが、末座の三人は礼堂に出て、内陣からかなり離れた場所に立ち、内陣の人たちよりも数多く礼拝することになっている。三千遍の礼拝ということになっているが、堂司が大幅に省略して数えてくれるので、末座の者でも九十遍ばかり礼拝をするだけで済むことになっている。

　大きな所作で礼拝を繰り返してから、息をはずませて蹲踞していると、内陣の中から大導師が唱える祈願の声が聞こえてくる。懺悔の作法が儀式化してから後に書かれたと思われる祈願文が、厳粛な節回しで唱えられる。次第本には漢文で書かれているが、読み下した文章を挙げておく。

「練行の諸衆。大聖の威神力を仰ひで、六時の行法を勤修すと雖も、具縛の凡夫なるが故に、ややもすれば威儀を破り次第を乱ず。懺悔せずんばあるべからず。依て五体を地に投げ、遍身に汗を流して罪障を懺悔せしむるところ也。大聖観自在薩埵。哀愍納受し、二世の悉地を成就せしめ給へと也。依て神呪の御名ハッタ。」（「ハッタ」は梵語）

ゆったりとした節のついた祈願文を丁寧に唱える大導師の声がほの暗い内陣の奥から響いてきて、一語、一語が身に沁みるようであった。

この祈願文を起草した、我々の遙かな先輩にあたる練行衆も、懺悔の行法を勤修する身でありながら、ややもすれば威儀を破り次第を乱じていることを恥じ、自ら「具縛の凡夫」であることを自覚しつつ行に励んでいたのかと思うと、いつの時代のどんな人かは分からないその人に、敬意と親しみを感じた。

巧くやろう、恥ずかしくないようにやろうと思うことはない、自分にやれることを精一杯にやればいいではないか、思い悩みながら行に励んでいた人は外にもあったのだと考えることができて、幾らか気が楽になったのである。

このように、少しは心境の変化を経験しながらも、たどたどしい勤行を続けていたのであるが、参籠三年目になると、恒例に依って「神名帳《じんみょうちょう》」を読む機会が与えられる。六時の時導師を勤める時は、称揚の悠長な節廻しとは大違いの早いテンポで称えなければならず、文句や節に六時それぞれ違いがあり、また日によっての変化もあるので、他の練行衆と交互に間違いなく唱えていくのが大変なのであるが、神名帳の読み上げは、五年目の「過去帳」と同じく、一人で読むことができる。神名帳や過去帳を読むようになると、古参の練行衆という意味で「古練《これん》」に数えられることになっている。私がその名に相応しい落ち着きを身につけるには、更に歳月が必要であったが、それはともかく、一人で神名帳が読めるというのは、初参籠の時以来、初めての喜びであった。

私は、皆で揃って行動するようなことが子供の頃から苦手で、二、三人で遊ぶか、一人で何かをしているのが好きという方であったから、元から練行衆には向いていなかったのかもしれないが、大勢の声に追い立てられるようにして時導師を勤めるよりも、神名帳や過去帳を落ち着いて読むことができるのが、何より有難かったのである。

特に過去帳には、本願聖武天皇をはじめ、行基菩薩、良弁僧正、鑑眞和上など、尊敬すべき方々の名が次々に記されていて、変化に富んだ格調のある節付けが加えられているので、練行衆を代表してそれを読み上げていると、思わず厳粛な気持になる。詠み終えて「斯ふ候《こうぞうろう》」と大導師に挨拶する時には、大事を成し遂げたかのような充実感を味わうことができた。

練行衆の列に加わってからの三、四年の間は、苦しいことの多い年月であったが、過去帳を読めるようになった頃から、ようやく明るみを見出すことができた。とはいえ、それも自分の勤めをどうにか果たせるようになっただけのことであったが、やがて修二会の伝承に力を尽くそうという積極的な気持が生まれたのは、修二会の研究者との出会いがあったお蔭であろうと思う。

## 四　二月堂研究会に加わって

私が修二会に参籠するようになった昭和三十年代半ばの頃から、もとからの二月堂の篤信者だけではなく、修二会独特の伝統行事の雰囲気や、墨染めの法衣を着けて修行に励む練行衆の姿、聲明の響きなどに魅力を感じて集まって来られる参詣者、聴聞者が少しずつ増えていたのであるが、それと併行するような形で、修二会の歴史的、文化的価値に注目して、専門的な立場から研究する人たちの姿も見られるようになっていた。

古くから東洋音楽の研究者をはじめ、長唄の演者や鼓の奏者、あるいは新しいあり方の音楽を創造するために西洋音楽と東洋音楽の双方から何かを探ろうという作曲家などが通って来られた例はあったが、それほど目立った存在ではなかった。

それに対して、この時期に継続して調査に来られたのは、奈良教育大学の牧野英三氏、東京文化財研究所の横道萬里雄、佐藤道子両氏、元興寺文化財研究所の稲城信子氏とその仲間の人たちなどで、のちにそれぞれ数多くの論文や研究書を発表して、大きな成果をあげられた。

これらの方々は、初めから研究を意図して訪ねて来られたようであるが、一般の聴聞者に混じって仏教史、建築史、美術史などの研究者が、それぞれ個人的な関心から二月堂に足を運ばれるうちに、お互いに面識を得られる機会もあり、いつか人の輪が拡がっていったというようなこともあった。その人たちが、毎夜聴聞を繰り返しているだけではなく、二月堂と修二会のことを本腰を入れて研究しようではないかという声が出て、「二月堂研究会」ができた由で、佐藤道子氏もその会に加入され、森本公誠師（現東大寺長老）と私も誘われて入れてもらった。

この会の人たちは、修二会の時期を待って各地から集まってこられるという関係から、夜は遅くまで二月堂で聴聞をして、昼間には研究会を開いたり、東大寺図書館の古文書を調査したりという厳しい活動を展開された。私も参籠しない年には研究会に度々出席したが、自分で研究に取り組んだわけではなく、専ら討論に耳を傾けるだけの会員であった。しかし、その機会に得たものは、先に述べたような葛藤を経験し、まだ充分にはそこから抜け出していなかった私には、大きな意味を持っていた。

もともと私は、修行者と研究者は立場が違うという考えを持っていた。仏道修行を実践する場合に、その正当性や意義のあるなしを考えたり歴史的な知識を求めたりするのは、修行の妨げになる、右顧左眄するようなことは避けて、ひたすらに定められた道を追求すべきだと考えていたのである。

参籠を重ねるごとに行法の進行には戸惑わなくなってきて、修二会全体の構成がおおよそ分かるようになってきたので、薬師寺の薬師悔過（「花会式《はなえしき》」）の構成とよく似ていることや、「法華懺法《ほっけせんぼう》」や「例時作法《れいじさほう》」などが修二会の悔過作法などとはいかにも調子が違っていることに気がついて、他宗の法会との関係をぼんやりと考えることはなくもなかったが、それを学問的に追求しようとは思っていなかった。

ところが、私が堂司の祐筆にあたる「中灯《ちゅうどう》」の役を勤めていた時に、横道萬里雄氏と佐藤道子氏との知遇を得ることになって、時折の短い会話の間にも、幾つも示唆に富む言葉が含まれていることに気がついた。二月堂の修二会が今日広く行われている仏教行事とは異なる独自の性格を持った存在であり、修二会を構成する一見雑多な行事が、それぞれ歴史を反映した深い意味を持っているとお考えの様子が察せられて、自分の役割を大過なく勤めることにばかり気を取られているようでは、あまりにも練行衆としての心得が足りないのではないかと思わざるを得なかった。修二会の意義、先駆者たちの足跡を知ることが、練行衆としての心得を確かなものにする上で、必要不可欠なことなのではないかと考え直したのである。

二月堂研究会に入れてもらったのが、そのような心の揺れを経験しつつあった時期であったために、今振り返ってみると、新進気鋭の研究者たちの討論が、私には知的興味を満足させるという域を超えた意味を持っていたのであろうと思う。

二月堂研究会の集まりが回を重ねるにつれて、修二会についての各研究者の見方、考え方が、分野の違いを超えた討論を通じて鍛えられていくようであった。和気藹々とした中でも、互いの見解については容易に譲らず、活発な議論が展開されるので、その場にいる私の精神も鼓舞されて、活き活きとしてくるようであった。

当初から討論の課題になっていた幾つかの問題の中で、修二会の成立と二月堂の起源に関する山岸常人氏の見方がかなり固まってきたように思われたので、当時森本師や私が編集を担当していた『南都佛教』誌のために、原稿を書いてもらったことがあった。仏教史と建築史の両面から二月堂修二会の起源や当初の建物の規模、行法のあり方に対応して建築規模が拡大した経緯を論じた二篇の論文を四十五号（昭和五十五年）と四十八号（同五十七年）に相次いで掲載することができた。それが大きな反響を呼んだので、山岸氏のほか、永村眞、安達直哉、川村知行、佐藤道子、藤井恵介諸氏の論文を集めて、五十二号（昭和五十九年・平成十三年復刊）を「二月堂特集」として発行した。

専門分野の異なる研究者の集まりであるから、修二会についての研究方法にも違いがあり、見解の違いもあったのはいうまでもないが、それが互いの刺激になり、議論に厚みが加わった感じがするのも面白かった。その頃のノートやメモの類を整理するとともに、改めて山岸、永村、佐藤諸氏の論文（研究会終了後に発表されたものを含む。表題等は【参考資料】主要関係文献を参照のこと。）を幾つか選び、修二会の歴史に関して指摘された、特に注目すべきことを年代順に列記してみたところ、略年表に近いものができて、千年をはるかに超える長い道のりを歩んできた修二会の姿が、浮かび上がってくるように思われた。以下に、その要点を適宜選んで紹介しておきたい。

## 五　修二会のはじまり

まず、二月堂修二会の起源であるが、天平勝宝四年（七五二）に實忠和尚によって始められた行法であることは、広く知られている。これは東大寺の正史である『東大寺要録』雑事章に収められている「東大寺権別當實忠二十九个條事」（以下『要録』、「二十九箇条」と略記）の中に

「一、奉仕十一面悔過事。合七十年。自去天平勝寶四年、至大同四年。毎年二月一日、二七ヶ日間奉仕、如件」

という記載があることが根拠になっている。同じ『要録』の諸院章「二月堂」の項には

「今此堂者。實忠和尚之創草也。（中略）天平勝寶四年壬辰。和尚始行十一面悔過。（以下略）」

とあって、「十一面悔過」が二月堂の十一面悔過であること、實忠和尚が天平勝宝四年に（奉仕しただけではなく）始めたものであると明記してある。

「二十九箇条」は、實忠自身の手になる業績表ともいうべき文書で、平安時代初期の弘仁六年（八一五）四月廿五日の日付がある。平安時代末期に編纂された『要録』には、その写しが収録されたと見られるので、かなり信憑性の高い史料であると思われるが、疑義をはさむ研究者もないわけではない。また、天平勝宝四年から大同四年までの間、毎年二月一日からの二七ヶ日間、十一面悔過に奉仕したとあるだけで、それが東大寺二月堂の十一面悔過であるとも、自ら創始したものであるとも記していない点が問題視されることが少なくなかった。さらに、二月堂の修二会は宮中（紫微中台十一面悔過所）で行われていたのが東大寺に移されたものという説もあって、かなり広く支持されていた。

二月堂研究会でも、当初からこれらの問題点について議論が行われていたが、先に挙げた各氏の論文によって、二月堂修二会の起源は實忠和尚が天平勝宝四年に羂索院の一堂で私的に始めた十一面悔過であることが、ほぼ明確になった。その詳細については、【参考資料】に記した諸論文を参照してもらう外はないが、修二会が東大寺の他の大法会のように天皇または朝廷の指示を受けて行われる公的な法会ではなく、私的な法会であり、實忠和尚の呼びかけに応じて参加した僧侶集団が自らの信仰の証として行う法会であったという指摘は、修二会の性格を考える上でも、大きな意義を持つものであった。

平安時代の半ばになると、二月堂修二会の足取りが少しずつ辿れるようであるが、運営が困難になったような場合に、東大寺全体を統括していた「寺家《じけ》」（「惣寺」「政所」とも呼ばれる）から料米の支給を受けたりしている事例はあっても、法会の実施と道場の管理などは練行衆が自主的に行い、練行衆は行中だけではなく、日頃から一定の理念と信仰を共有する「結衆」として行動していたことが指摘されている。

天平勝宝四年は、大仏開眼供養会が行われたことから、東大寺の創建年代と見なされることがあるが、大伽藍の大半は造営工事が進行中または準備段階であって、後年のように多数の僧侶が活躍するような状態ではなかった。その頃に「東大寺の僧」と呼べるのは、羂索堂（現法華堂）を中心に教学活動を展開していた一群の僧たち（上院《じょういん》僧団）であったことは、多くの「正倉院文書」から見て、まず間違いはない。東大寺の前身寺院にあたる金鐘寺（金鍾寺）が大和金光明寺に充てられ、近くの福寿寺も、周辺の幾つかの山寺とともに、そこに編入統合されたものと考えられているが、それらの寺々に止住していた人たちの中でも、もと金鐘寺止住と見られる良弁、安寛、教輪、智憬《ちぎょう》（智璟、知璟とも）等が、羂索堂を拠点として盛んな活動を展開していた。

（第七回シンポジウム『東大寺法華堂の創建と教学』の際にも、その概略を述べた。なおその際、天平十九年正月に「羂索菩薩」の光背を造る準備がされていたことに基づいて、羂索堂の創建をその

頃とする説を支持したが、その後の法華堂須弥壇と諸像の修理に伴う調査結果から見て、その説には疑義が生じた。羂索堂の成立年代については再検討が必要になったが、天平感宝、天平勝宝元年以降、羂索堂を拠点とする一群の僧侶が、写経のための経典の貸借などに活発な働きをしていたことは、多数の「正倉院文書」から見て、疑問の余地がない）。

二月堂の修二会を始めた實忠という人は、良弁の篤い信任を受けた弟子であったと見られ、その目代として造寺司（造東大寺司）に出向して財政改善に貢献したほか、大仏殿の光背や副柱、中門、廻廊その他の建造に手腕を発揮して造寺司の知事も勤め、十一面悔過、涅槃会、一切経奉読、半月読経（法華経、華厳経、勝鬘経の読誦）などの法会を催し、華厳供の大学頭として教学振興に尽くし、東大寺の少鎮や上座（のちの別当に相当）を勤め、朝廷にも宮禅師として仕えるなど、多彩な実績を遺した人であるが、金鐘寺系とみられる良弁門下の僧たちの活躍が目立つ時期よりも遅れて、めざましい活躍を示している。修二会を始めたのは二十代半ばのことで、最初の悔過法参籠者の数は分からないが、呼びかけに応じて二七日（十四日間）の悔過法を実施するに足る僧侶が集まったということは、既にある程度の人望があったことを物語るものであろう。

それと同時に、羂索堂を中心として活動する僧侶集団の拡がりが、「正倉院文書」に現れる僧名から推察される規模よりも、かなり大きかったとも考えられる。

その悔過法が、当初から「僧団内の自行」と認識され、東大寺の他の法会とは違って練行衆が自主的に運営する法会であったのが明らかになったことは、私の修二会についての認識を根本的に変える結果になった。実際に修二会に参籠していても、日頃から二百五十箇条の具足戒を護っている筈の練行衆が、在家信者のための八斎戒に不非時食戒を加えた九箇条の素朴な戒を、行中に授けられる理由がよく分からなかったのであるが、和上が自誓受戒によって得た戒体を練行衆に分かつことで、練行衆一同が共通の戒体という紐帯を保ち、寺内一般の僧侶とは違う独特の集団の一員であるという意識を持つようになったという見方には、なるほどと頷けるものがあったし、また、行中に何か問題が起こった時にも、東大寺別当あるいは寺務所当局の判断を仰ぐのではなく、和上、大導師、咒師、堂司の「四職《ししき》」が「御集会《おしゅえ》」を開いて解決を図るという慣わしになっていること、月例の寺役《じやく》（法要）の際にも、堂司が管理する鍵によって二月堂内陣の扉を開閉をするという形式が守られていることなど、幾つかの点でその説を裏付けることができるように思われた。

修二会に参籠していると、実に古代そのままの形式が伝わっていると感じられるところがあったのであるが、時々作法や聲明の調子が変わることがあって、いつの時代か、別の伝統に基づく儀式が採り入れられたに違いないと思うこともあった。特に「例時作法」や「法華懺法」を勤める時には、その感じが強かった。

「練行衆日記」または「修中日記」と呼ばれる、行中に練行衆が記した数種類の記録（最も古いのは保安五年—一一二四—からのものが現存）をはじめとする古文書を渉猟した結果に基づく研究成果が次々に発表されたのを読むと、長い間の修二会の足取りが感じ取れて、ただぼんやりと想像していたことが具体的に把握できるようになった。

## 六　見えてきた先輩たちの姿

まず、修二会の道場である二月堂は、實忠が羂索院（羂索堂と周辺の堂宇、僧坊の総称）に私的に建立したもので、「二月堂」の名は、寛平年中（八八九～八九八）成立の「年中節会支度」に「二月堂二七日　仏僧供　可随入行僧　在支度」とあるのが初見。その規模は応和二年（九六二）頃に、三間二面庇瓦葺であった（『要録』諸院章羂索院の項）。修二会の「仏僧供」は、入行僧の員数に随って寺家から支給される供養料で、料米その他の諸費用は含まれなかった。これは、二月堂修二会が寺家の諸法会（大会《だいえ》）よりも下位に置かれていたことを意味するが、寺内における二月堂の立場は、時代を追って次第に重みを増していく。

　平安時代の後半には、寺内所属の僧の間に階層分化が進み、教学活動に携わる学侶（寺方　修学者《しゅがくしゃ》、学匠とも）が上位を占め、諸堂の管理などの実務を担当する堂衆（堂方《どうほう》）が下位に置かれるようになっていたが、十二世紀初頭以前の修二会は「法華堂衆」を中心とする堂衆層によって営まれていた。東大寺は、創建当初から「六宗兼学」（のち八宗兼学）を標榜していたが、諸宗の中でも華厳宗が最も尊重されて、華厳宗の学侶が大きな勢力を持つようになっていた。金鐘寺の華厳供が羂索堂で行われたと考えられていたことから、羂索堂は華厳の根本道場であるという認識が生まれ、寺内における地位も向上していたのであるが、天暦四年（九五〇）に別当光智僧都によって創建され、華厳宗の本所とされた尊勝院が、羂索堂とその一帯（上院）を支配するようになった。このことが、学侶が修二会にも関与する契機になり、両者の関係は時とともに深まった。

　元来堂衆の悔過法であった筈の修二会に学侶が参籠するようになった時期は確認できないが、天治二年（一一二五）と大治二年（一一三一）の「練行衆日記」に記された参籠衆交名《きょうみょう》の中に学侶の名が確認できる。朝廷の意を受けた寺家の差配によって催行される諸法会とは違って、羂索院止住の僧たちが自らの信仰の証として自発的、自主的に催行していた修二会に、学侶が参籠して共に勤修するという希有な形態が、以後次第に定着したばかりでなく、次第に学侶の比率が高くなって行き、鎌倉時代以後になると学侶が修二会の主体となって、堂衆の参籠を制限するような事例も見られるようになる。

　そのような事情から、修二会の性格に変化があったとはいうものの、平安時代を通じて、他の諸法会からは区別された独立的な立場は依然保持されていたと考えられる。

　十二世紀前半になると、「練行衆日記」に「不退之行法」、「無退転行法」という言葉がしばしば現れていて、公的な支配を受けず、自らの信仰のために自主的に行う行法であるからこそ、この行法だけは自らの手で護って行かなければならないという意識が醸成され、結衆の中で代々受け継がれたのであろうと考えられる。

　平安時代の後期には、修二会の基本的定型がほぼ完成していたらしく、和上、大導師、咒師、堂司、處世界などの役名、日中、日没、初夜、半夜、後夜、晨朝という六時之行法の名、神名帳、達陀、小観音、水取、實忠忌、涅槃講の行事の名を「練行衆日記」に見出すことができる。

　一方、今の修二会と違うところは、練行衆（籠衆）の数が二十数名の年が多いこと（長承三年〈一一三四〉には二十六名を限度と定めた）、上七日《じょうしちにち》（本行の前半）と下七日でその一部が入れ替わっていること、行法の秩序を乱した練行衆に対して、厳しい罰が下されていることなどである。

また、修二会が東大寺の主要な法会の下に位置付けられた私的な性格の法会であったにもかかわらず、その存在が思いの外早い時期に寺外にも知られていたらしく、身分の高い人から仏具の寄進があった例も見られるし、平安末期になると、観音悔過の聲明が広く知られるようになっていて、二月堂が「南無観寺」と呼ばれることもあった（『七大寺巡礼私記』）。

そうした中で、治承四年（一一八〇）の兵火によって東大寺の大伽藍がほとんど灰燼に帰したことは、当然修二会にも深刻な影響を与えた。二月堂の本堂は焼失を免れたが、閼伽井屋と湯屋が罹災し、料米の調達も止まった。毎年盛大な法会が営まれてきた大仏殿、講堂をはじめとする諸堂や、多数の僧侶が止住する僧坊の大半も焼失するという状況の中で、時の東大寺別当や当院（上院）の院主が、翌年の修二会を断念し寺勢の回復を待って再開することを勧告したにもかかわらず、「同心之輩」十一人が食料を自ら調達して継続することを図り、初日に四人が加わって勤行を敢行した。その次の養和二年（一一八二）にも、料米が調わないために寺家が参籠の人数を制限したり下七日の中止を指示したのに、「四百餘歳行法」が断絶するのを防ぐために、二七日の行法を勤行し了えた。その後、随伴の諸役も次第に集まり、粥料の寄進者も現れるなど、状況は幾らか好転したようであるが、湯屋も焼失していたので、「破凍行水」、氷を割って冷水で身を清めるという有様であった。

それから約半世紀を経た嘉禎二年（一二三六）には、南都七寺の強訴（訴因は不明）に関連して、寺内の神事、仏事を止めて閉門蟄居する中、「二月堂講衆」（実態は不詳）の決議によって、二月堂に至る道に「塞」（土塁の類か）を築いて参堂の人を留め、密かに行法を敢行したことが伝えられている。

その頃には、伽藍の復興事業もほぼ終了し、教学活動も復活しつつあったが、寺務、院務ともに補任遅滞などの乱れがあったために寺内の統制が緩み、全国的な飢饉の影響が及んで食料不足が続いたこともあって、修二会の催行にも支障が生じた。修二会の知名度と評価が高まって貴顕の参詣も増える中で、練行衆には、未曾有の危機に見舞われた当時のような果敢な行動は見られず、尊勝院々務による援助と惣寺（寺家）の援助を交互に受けるような状態が続いた。二月堂の支配権も、尊勝院から惣寺に「寄進」されたり、また尊勝院に戻ったりということが繰り返された。練行衆の数が不足するような事態もあり、練行衆の自覚を促す必要もあったと見えて、文和五年（一三五六）には、四職評議の結果、内陣の朱唐櫃に納められていた「式帳」（弘仁年間に書き始められた「本式帳」のほか「新式長」と「式帳聞書」があったというが、現存しない。参籠規範というべきものか）を美濃僧都と呼ばれる僧が読み上げ、二十余人が聴聞するという出来事があった。

その頃から、本行の半ばで練行衆の一部が交替する例が次第に減少し、永正七年（一五一〇）を最後に、下七日だけを勤める「後入衆」は姿を消して、現代まで続く二七日を通して勤める形が定着した。参籠志願者は次第に増加傾向を示していたが、永正七年には、二月堂に火災があった。内陣の屋根などが焼失して、錦の御帳を含む内陣の修復が完了するのに九年の年月を要している。弘治三年（一五五七）から翌年にかけては、飢饉が続いたため一粒の料米も届かず、地方勧進に頼って修二会の断絶はかろうじて防ぐことができた。

永禄十年（一五六七）、三好松永の乱のために伽藍の大半が炎上した際には、二月堂が罹災を免れたものの、料米の調達ができなくなり、翌年の修二会は、やはり料米の寄進に頼らざるを得なかった。

永禄の大伽藍炎上からちょうど一世紀を経た寛文七年（一六六七）、せっかく罹災を免れ、修二会の道場としての役割を果たしてきた二月堂が、満行を翌日に控えた二月十三日の深夜、練行衆が退堂した直後に出火して全焼した。三間四面という規模に過ぎなかった二月堂は、行法の次第が時とともに複雑になり参詣者の数も増えたりしたことから、度々増築を繰り返し、数倍の規模に拡大されていたのであるが、数年前から破損が目立つようになっていた。そのために、大導師英性法印が出府して幕府に修理の要を訴えた結果、理解が得られて、翌年の満行を待って再建の造営を始めるべく、通達があったばかりのことであった。

本堂が全焼したにもかかわらず、練行衆の働きによって小観音像が救出され、法華堂に仮安置された小観音像の前で翌日の悔過作法が行われたので、満行を待たずに修二会が中断するという事態だけはかろうじて回避された。

二月堂炎上の報が広く伝わって各方面に衝撃を与え、興福寺衆徒宗政という人から牛玉の寄進があったのをはじめとして、僧俗の寄進助力が相次いだ。

幕府からも、郡代官を通じて、先年の計画通り造営すべき旨の下命があったが、英性法印が再び江戸に赴き、「千歳不退之規儀　国家安全之洪基」たる行法が当代に退転するのは不祥であると嘆願して、老中等の評議を経て、改めて造営の許可を得た。

翌、寛文八年と九年の修二会は、幕府の意向を受けて仮堂で執り行われたが、それと併行して行われた再建造営が完了して、同十年には新造の二月堂で催行された。

かつて「三国　之大伽藍」と称えられた東大寺も、時代の荒波に翻弄されて、長らく衰退の一途を辿っていたが、江戸時代には僧侶の数も少なく、教学活動、実践行ともに往事のの勢いを失っていた。一時は増加傾向を示していた修二会参籠の志願者も次第に減少し、十五人から十九人で勤修されることが多くなった。

貞享五年（一六八八）には、練行衆が十二人しか集まらず、行法を継続すべきかどうかを神意に問うという事態に立ち至り、七十八才の老僧が大導師を勤めることになって、辛うじて断絶を免れた。天明二年（一七八二）以後は十一人の年が多くなった。

このような状況に伴うかのように、行中の厳しい規律を護ることも難しくなり、かつて行道の時に前の人を追い越すなど、作法を間違えたために千遍乃至五千遍の礼拝を命じられたり、誹謗や暴言などの科で退堂あるいは僧団追放などの厳罰に処せられた人もあったのが、次第に宥免の沙汰が目立つようになっている。また、四職あるいは練行衆全員の評議で解決すべき問題ができた場合にも、娑婆（練行衆以外の僧）に沙汰を仰ぐなど、練行衆の自主性が低下する傾向も見られた。

## 七　振り返って想うこと

以上のように、幾つかの論文によって知ることのできた江戸時代半ばまでの事例を列挙してみると、「千二百数十年の歴史を誇るお水取り」などといわれる修二会の辿ってきた道が、実に多難なものであったことが分かる。

大伽藍の大部分が造営中かまたは準備段階にあった時代に、羂索堂とその周辺の僧侶が始めたという修二会が、今では東大寺の最も重要で大規模な法会とされるに至ったのであるが、練行衆の数を制限しなければならない程に参籠志願者が多かった時代があるかと思えば、催行が危ぶまれる程に人が得られない時代もあった。また、過失あるいは病気のために行法の威儀を乱した人に対する処罰を定めたり、練行衆の自覚を促すために秘蔵の式帳を取り出して講義をするなど、行法を護るためのさまざまな努力がされていたことも知ることができた。苦難の重なる道のりの中で、「不退之行法」を維持しようとした様々な僧侶の姿が目に見えるようであるが、その中でも、大伽藍の殆どが焼失して、仏像や仏具、経巻が失われ、各地の寺領、荘園からの物資も届かずに、あらゆる仏事が停止されて、寺に残った人々が等しく絶望に打ちひしがれていた筈の時期にさえ、粥をすすり、冷水で身を清めて悔過行をやり遂げたという人々の行動には、とりわけ心を揺り動かされるものがあった。今、自分がそのような立場に立たされたとしても、到底そのようなことができる筈がないことを思うと、遙かな先輩にあたる練行衆の前に、黙って頭を垂れる外はなかった。ひたすらに教わった通りの作法を身につけて無難に満行の日を目指すような自分の姿勢が、如何に浅はかなものであったかと痛感させられたのである。

以上述べたように、二月堂研究会の討論に参加したり、幾つもの論文を読んだりしたことは、新しい知識が得られたとか、知的な関心が充たされたという以上の意味が、自分にはあったということができる。

修二会に参籠した頃からいつのまにか時が経って、今では現役の練行衆に聲明の伝授をすべき立場になってしまったが、師匠や先輩から教わったことを思い返すと、及ばぬところがあることを認めざるを得ない。古い録音を聴いてみても、技術の巧拙などではなく、気迫が違うのではないかと思う。聲明の節を正確に伝えることは、努力すればできないこともないが、歴代の練行衆が大事にしてきた精神的な面を語り伝えて行くことは、それ以上に難しい。修二会の歴史を学ぶことには、これからの練行衆にも意味のあることであろうと思う。

（はしもと　しょうえん・東大寺長老）

**追記**　「修二会研究者と練行衆の接点」と題する講話をした時の内容を、文章語に改めるに当たり、趣旨を変えない範囲ではあるが、大幅に加筆修正を加えた。聴講して下さった方々の御了解をお願いしたい。

**【参考資料】**　主要関係文献
元興寺文化財研究所編『東大寺二月堂修二会の研究』資料編（「練行衆日記」校訂本）中央公論美術出版　昭和五十四年
山岸常人「東大寺二月堂の創建と紫微中台十一面悔過所」『南都仏教』四十五号　昭和五十五年
山岸常人「二月堂建築空間の変遷とその意義」『南都仏教』四十八号　昭和

五十七年（以上二編　山岸常人『中世寺院社会と仏堂』塙書房　平成二年　改題所収「二月堂の成立」「二月堂の展開過程」）

永村眞「平安前期東大寺諸法会の勤修と二月堂修二会」『南都仏教』五十二号（二月堂特集）昭和五十九年・平成十三年復刊（永村眞『中世東大寺の組織と経営』所収）

佐藤道子「伝統芸能の保存組織のあり方の研究―東大寺修二会の伝承基盤―」東京国立文化財研究所芸能部編『芸能の科学』十七号　平成元年（佐藤道子『悔過会と芸能』法藏館　平成十四年　所収）

# 東大寺山堺四至図の製作背景
## ――絵図が語る世界観

奥村茂輝

### 一　絵図の概要

東大寺山堺四至図は天平勝宝八歳（七五六）段階での東大寺の寺域を表した絵図である。この絵図は創建まもない東大寺の寺域を語るものとして、古くから建築史学・美術史学・文献史学などの諸分野にわたる研究者により利用されてきた。しかしほとんどの場合、大仏殿や羂索堂などの各堂舎やその本尊の建立・造立年代を考えるうえでの補助資料として用いられるのにとどまるため、この絵図が示す基礎的な情報について総覧し、資料としての性格を考察した研究例は意外にも少ない。筆者の管見ではあるが、同図を資料として総覧した例として挙げられるのは、絵図を実物調査しその詳細を報告した岸俊男による研究（岸一九八三a・b）、絵図の描写方法の分析に寺域の旧地形復原をあわせた森蘊の研究（森一九七一）、絵図の領域をすべて踏査した吉川真司による網羅的研究（吉川一九九六）の三例である。とりわけ、吉川の研究はその精緻さと古代から中世の東大寺史を見通す視点で語られているという意味で、現時点における同図の研究の到達点と言ってもよい。筆者も吉川の方法に倣い絵図全域を踏査し、そこで得られた情報と発掘調査成果をあわせて、現行の五千分の一の地図上に反映させる作業を繰り返し行い、一連の論考を発表した（奥村二〇一三・二〇一四）。以下ではそのエッセンスを述べてゆくが、その前にこの絵図自らが語るその名称と作成意図を確認しておく。

　絵図は、縦二九九cm、横二二三cmの長方形で、縦約二九九cm、横約七五cmの麻布三幅を縫い合わせて作られている[1]。絵図の四辺には東西南北の墨書きがあり、大仏殿や東西両塔などの主要堂舎の向きから考えて、北を上に意識して描かれたものと考えられる。絵図の南東隅には以下の墨書がある。

　　奉　勅
　　　　依此図定山堺、但三笠山不入堺
東大寺図

大僧都良弁

天平勝宝八歳六月九日定堺為寺領地
左小弁従五位下小野朝臣田守
治部大輔正五位下市原王
造寺司長官正五位上佐伯宿祢今毛人
大倭国介従五位下播美朝臣奥人

この墨書から、この絵図が作成当時「東大寺図」と称されたことがわかるが、一般的にはその前行の「定山堺」とその後行「定堺」の記載から、東大寺山堺四至図と呼びならわされている。(2) しかし、「東大寺図」と書かれた前後の行の内容にはあきらかに重複がみられる。このことに初めて疑問を呈したのは、この絵図を実物調査しその詳細を報告した岸俊男であった。岸は上述の重複と墨書全体が「極めて異様」なこと、さらに墨書に捺された東大寺の印が最初の二行にはないことから、最初の二行と「天平勝宝八歳六月九日」以下の「定堺為寺領地」を後生の追記と判断した(岸一九八三a)。最近の研究では吉川真司が「奉勅」と年月日の下の「定堺為寺領地」について追記の可能性を指摘するが、「依此図定山堺、但三笠山不入堺」については絵図作成当初のものととらえている。後述するように、絵図中に一堺から十堺までを墨書していることから考えれば、堺を定めるという行為は同図の第一義的目的であったといえるだろう。このように考えると、岸説のように堺を定めるという文言を二行とも追記とするよりも、吉川説のように「東大寺図」の前行は作成当初のままととらえる方が理に適っていると筆者は考える。

つぎに絵図中の描写内容について概要を述べたい。絵図には、ほぼ等間隔を置いて朱線で方格(方眼)が南北二〇単位、東西一五単位描かれている。森蘊は、この方格が東京極大路から東に四つ分までは東西六〇〇尺、南北四五〇尺、それよりも東は東西九〇〇尺・南北四五〇尺の実長を持ち、それを目安として実際の測量情報を絵図中に描写していることを解き明かした(森一九七一)。森の指摘どおり、絵図に描かれた測量情報はきわめて正確で、描かれた堂舎や河川の位置は後述するように、恣意的にずらしたものや絵図東半の山々を除いて、ほぼ現今の地図と変わらない精度であることがわかっている(奥村二〇一三・二〇一四)。

絵図中に描かれた測量情報は自然地形と人工物の二つに分かれる。自然地形は河川や山を主とし、その他には池(羂索堂北西)や松の木、飯盛山の東麓に描かれた岩が挙げられる。人口物は大仏殿や東西塔から門や築垣などの伽藍を構成する堂舎、神地や瓦屋など伽藍以外の施設、道や田・薗・井戸など土地を改変したものが挙げられる。岸の観察によると、山は薄緑色、河川は黄色、道路は褐色、築垣は桃色に彩色されているという(岸一九八三a)。個々の堂舎には大仏殿や羂索堂などその名称が墨書され、御蓋山や飯盛峯、能登川源、池(羂索堂北西)といった象徴的な自然地形についても名称が墨書される。なおこれらの墨書は、すべて同じ向きにされているわけではない。墨書の方向については後で述べる。そして、東南隅の墨書に但し書きがあるように、寺域の境界指標を示す意味で、十箇所の「堺」がそれぞれに一堺・二堺と番号が付された形で書かれる。(3) ただし佐保路門北の堺には番号は付されず単に「此堺(初カ)」とあるのみである。

## 二　絵図の作成原理とその方法

### (一)　絵図の作成原理

絵図の第一義的な目的は、絵図中の墨書が語るように堺を定めて東大寺の土地占有範囲である寺域を示すことにある。しかしその範囲は広く、東大寺以外の土地占有主体も複数あるのが事実である。東大寺は天平十九年末から同二十年初めに成立したが、その時点での寺域予定地内には既に占有されている地目があった。もちろん、前身寺院と目される金鐘寺や福寿寺は東大寺成立以前から春日山西麓に位置しており、東大寺は当地における全くの新規参入者ではなかったのだが、金鐘寺や福寿寺が絵図に描かれるような広大な寺域を有していたとは考えられず、この寺域は東大寺の建立にともなって初めて成立したとみるべきである。絵図中に示された東大寺以外の寺院や地目について具体的に列記すると、大伴寺、御蓋山、神地、山階寺東松林、人家となる。東大寺は寺の寺域を正確な測量情報をもとに描きつつ、寺域内にある既存の寺院や施設の位置も明示しなければならなかったのである。そのために東大寺は、大伴寺や神地などが描かれた既存の絵図類を参照し、この山堺四至図を作成したと考えられる。その例をいくつか挙げてみよう。なお以下では絵図の描写位置を説明するために、朱線方格に任意に設定した番号とアルファベット（図1）を用いる。この番号とアルファベットの順番、さらに山・川に付した番号は吉川真司による先行研究（吉川一九九六）に準じている。

①神地付近のずれ（図2・3左側）

絵図のほぼ中央やや南（図2・12F）には、墨線で四角囲みが描かれその中に「神地」と墨書される。この場所はまさに現在の春日社にあたるのだが、実は12Fの東半部分を現行の地図にあてはめると、春日社の位置よりも一方格分北にずれてしまうのである。このずれの要因として考えられるのは、奈良時代の神地は現在の春日社の北にあったか、もしくは単なる描き間違いのいずれかであるが、実はこのずれは神地だけに生じているものではない。神地の北側には10Gに源を発する吉城川が描かれている。吉城川は10・11Fでは二股に分かれ、11Eで再び合流する。この二股に分かれた部分には「氷池」の墨書がある。この氷池は現状の吉城川の流れからみて、春日社の北にある水谷神社に比定すべきなのだが、この水谷神社と氷池の位置関係、さらに絵図の吉城川の水源と実際の水源の位置関係が北に一方格分ずれているのがわかる。さらに神地の真東である12Hには御蓋山の墨書があり、山の頂もその墨書の真東に描かれている。この位置を現行の地図上に置き換えると、これもやはり北に一方格分ずれてしまう。すなわち、方格一つ分のずれは神地だけにみられるのではなく、氷池から御蓋山の頂にいたるまでの神地を中心とした広範囲にみられるのである。

以上のような状況を考えると、絵図作成時に神地周辺の描写が実際の位置よりも一方格北に誤って描き込まれたと考えるのが最も理に適った解釈といえよう。「御蓋山不入堺」とされた土地を、東大寺が直接測量したとは考えられず、「氷池」「神地」「御蓋山」をふくめた一帯については、神地に関連する既存の絵図を利用したと考えられる。ずれはそれらを統合する段階で生じた可能性が高い。

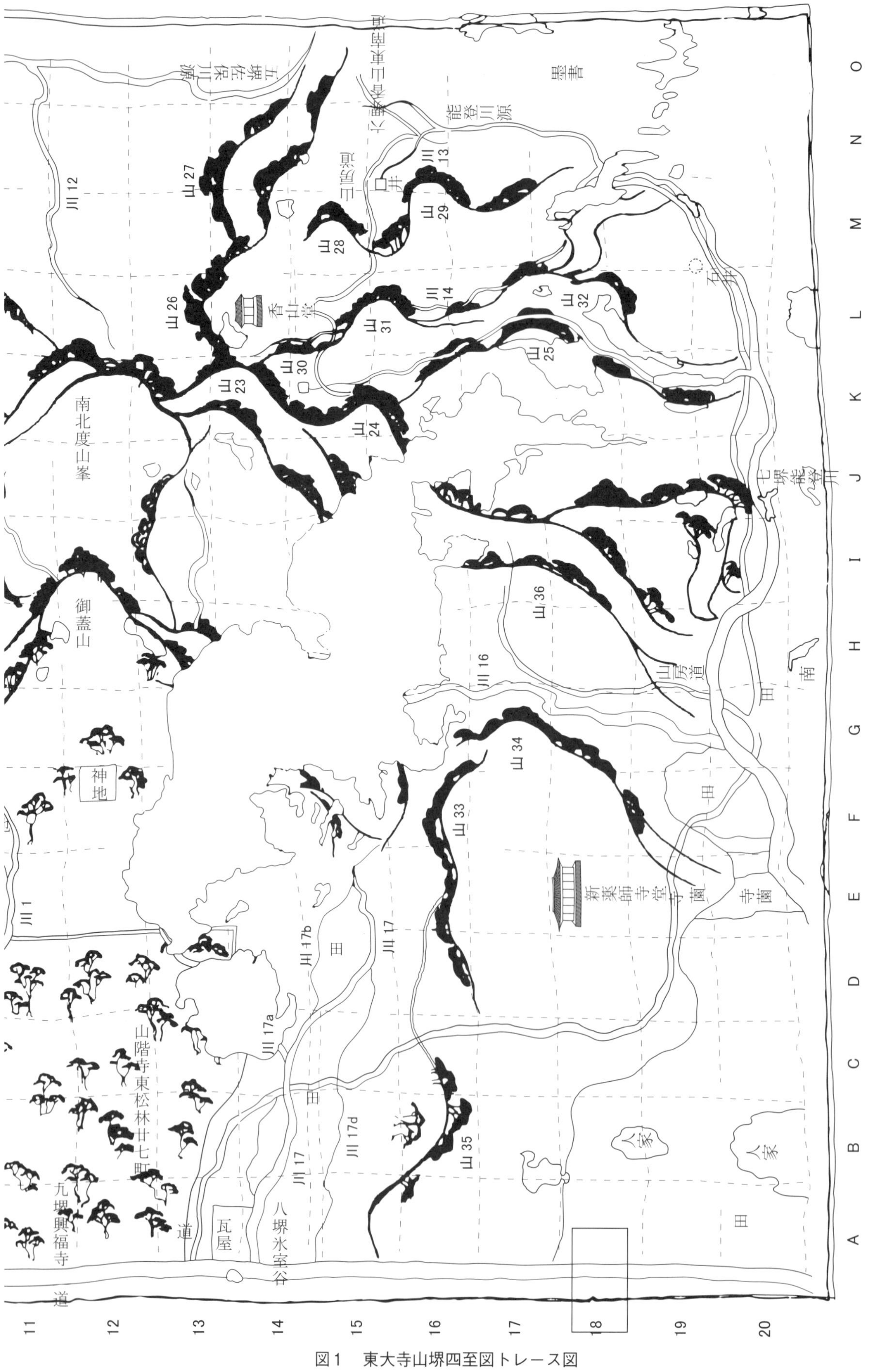


図1　東大寺山堺四至図トレース図

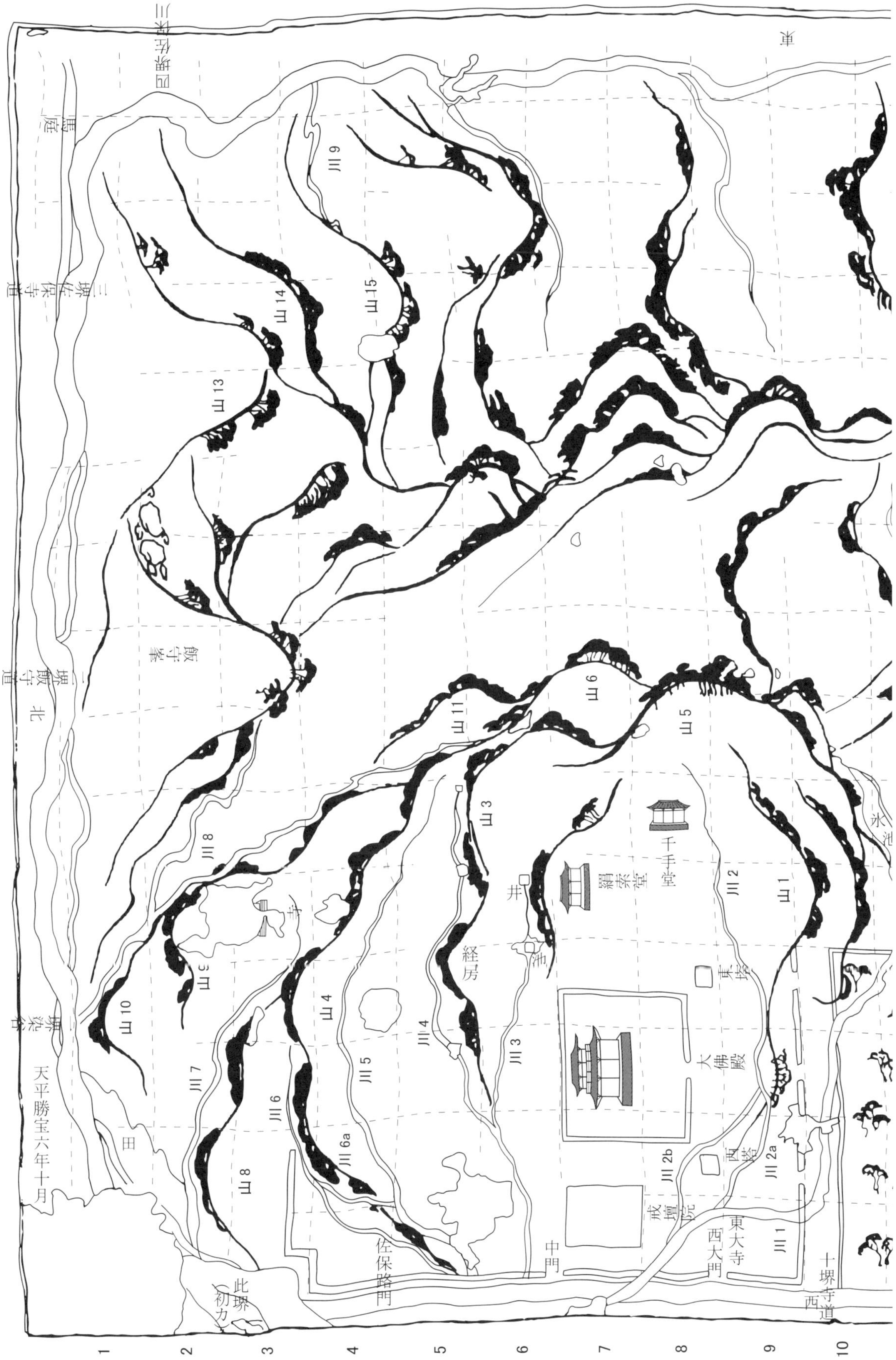
天平勝宝六年十月
東大寺
西大門
中門
佐保路門
大佛殿
千手堂
羂索堂
経房
東塔
西塔
戒壇院
飯守峯
北
東
田
井
1
2
3
4
5
6
7
8
9
10

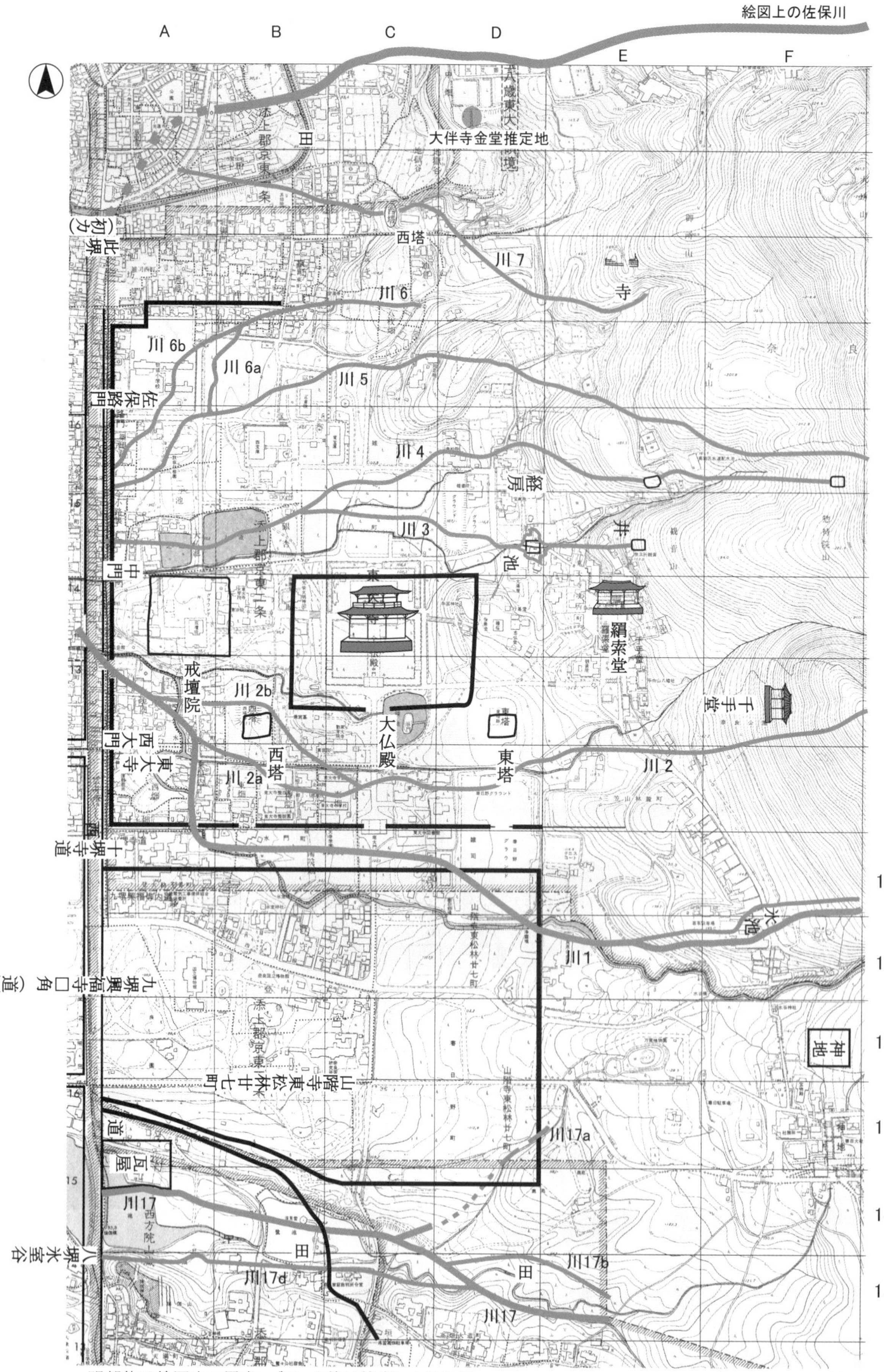


明朝体は絵図中の墨書、ゴチック体は筆者による注記
（以下の図面も同様）

図２　大仏殿周辺における東大寺山堺四至図と現行地図の対応関係

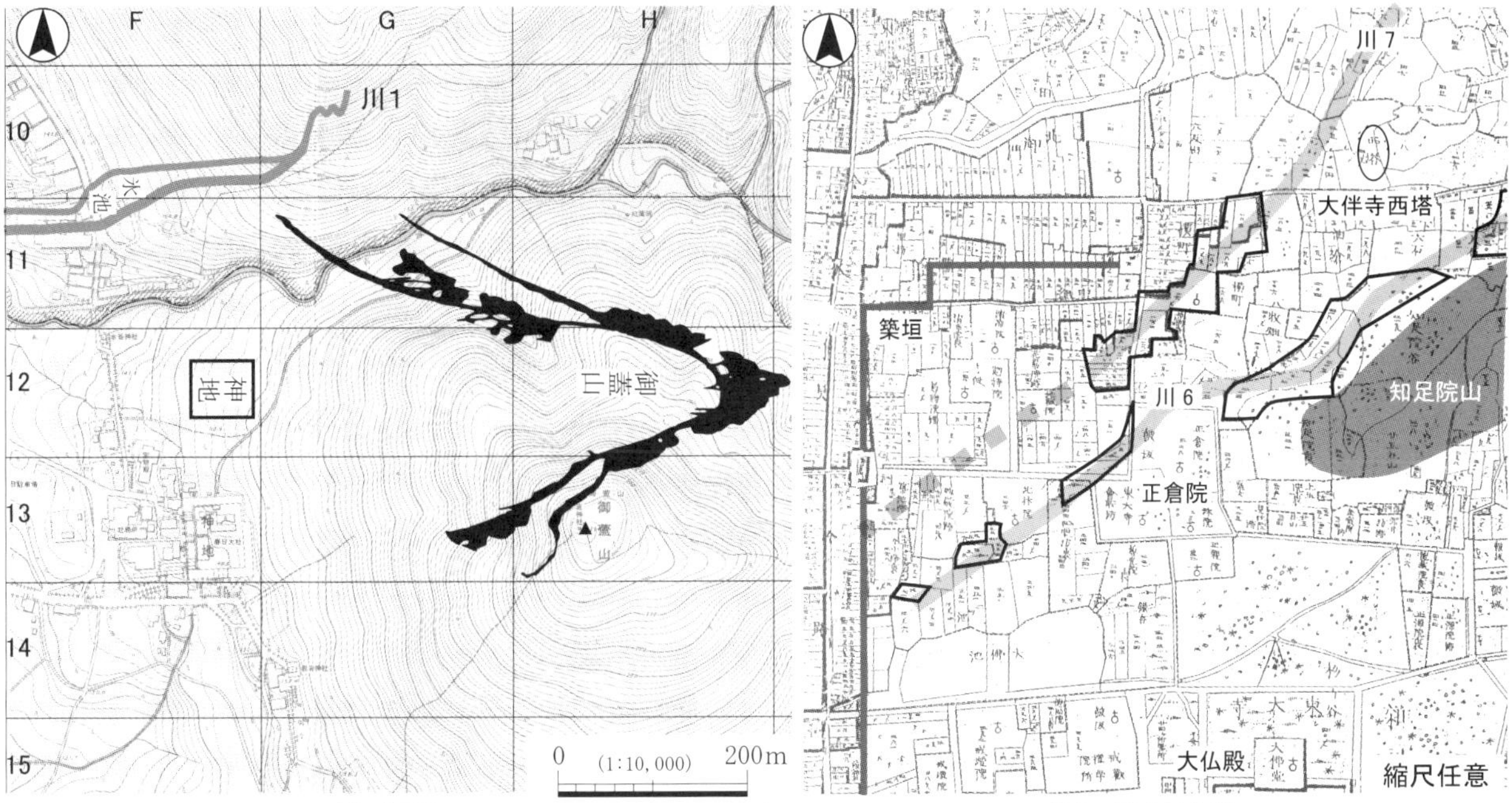


神地周辺　　北面築垣付近

図3　神地周辺と北面築垣付近における東大寺山堺四至図と現行地図の対応関係

### ②大伴寺のずれ（図2・3右）

絵図の北側、3Eの中央部分に欠損部分があるものの、かすかに堂舎の表現がみられ、さらにその直下に「□寺」と墨書される。かつて福山敏男は、この寺を正倉院文書中にたびたび現れる中山寺にあてたが（福山一九三八）、これは堀池春峰（堀池一九八二）や岸俊男（岸一九八三）が説くように、「伴寺」すなわち大伴寺と考えるのが妥当である。[4] 吉川は、この大伴寺の位置を毛勝山（山9）の西斜面で、現在の三笠霊園のあたりに比定している（図2、1D）。採集瓦や礎石などの情報からみれば、妥当な意見と考えられる。またここから南西約二五〇メートルの位置には、「西塔」の字名が残る（図2、2C）。この場所では、礎石こそ残らないものの、平坦地（現在は宅地、2C南東隅）が確認でき、ここを大伴寺の西塔跡地と考えるのが自然な解釈だろう。なお絵図に描かれた堂舎は金堂と考えられるが、絵図の位置を現行地図上に移すと、御所山の西斜面になり（図2、3E）、吉川による比定地とは大きく隔たってしまう。大伴寺の堂舎は、木来丘陵裾野にあたる1Dに描かねばならなかったのだが、実際には山中にあたる3Eに描いてしまっている。また、絵図では大伴寺金堂の南に源を発する川（川7）が描かれているが、この川は実際には金堂推定地の南にあたる字地獄谷の東斜面（2D東端）から流れていた旧河道であることが、明治二十三年（一八九〇）発行の奈良町地図（地図資料編纂会一九八七）の地割から読み取れる（図3右側）。この川も大伴寺金堂が誤って3Eに描かれたがために、全く違う場所に描かれているのである。大伴寺の詳細な建立時期については不明だが、東大寺が成立した天平十九年末頃にはすでにこの寺はこの地にあったと考えられる。したがって東大寺側は、絵図作成の時点で大伴寺の寺域を示す既存の絵図を使用したと考えられ、その際に金堂の位置を誤写したのであろう。

以上のように、絵図の描写と実際の測量情報とのずれから、東大寺山堺四至図を作成する際に参照された、他寺社の絵図の存在が想定されるのである。

## (二) 具体的な作成方法

絵図はまず麻布を三段に縫い合わせた後に、四辺に等間隔でアタリとなる黒点をつけて、アタリとアタリを結んで朱線を引いている。そしてつぎの段階に描かれたのは佐保川と能登川、およびそれらの支流であった。このことは、両河川の描写が、すべての道を寸断し跨いでいること、さらにすべての山が、この両河川の内側に描かれていることから導き出される。例えば、松林と瓦屋の間から始まる道は、瑜伽山（山35）や新薬師寺東側の山（山34）の稜線と交差しているが、能登川とは交差せず、川に寸断される形で描写されている。もちろん能登川を渡るために、橋等の渡河施設があったはずだが、そういった表現はみられない。同じことは、北端の佐保川と佐保寺道との関係でもいえる。このような表現上の特徴は、佐保川と能登川が先に描かれていなければ表れ得ない。そして、この二河川のあとに描かれたのは吉城川（川1）であった可能性が高い。なお、吉城川と南面築垣は9Aの箇所で交差して描かれており、ここだけみれば描写の先後関係はわからない。ただしこの部分は、交差した築垣がスリ消されたような痕跡があるため、表現的には吉城川が先に描かれたと考えていいだろう。吉城川の次に描かれたのは東京極大路である。絵図中の東京極大路は、佐保川に寸断されているのに対し、逆に東大寺の回廊や松林の築地、瓦屋、菩提寺川等は、いずれも東京極大路に寸断される形で描かれている。このことから、佐保川・能登川・吉城川のあとに東京極大路が描かれたことが類推され、この段階で絵図の四辺が囲まれたことになる。

以上のように佐保川・能登川・吉城川と東京極大路の描写を跨ぐもしくは交差する描写がみられないということから考えて、上記の河川と道がこの絵図が主張する寺域を表示するさいの最も重要な指標であったと想定されるのである。これ以降は、重要度および関心度に応じて個々の対象物が描かれたのだろう。確証はないが私見として、東大寺以外の占有地が描かれ、その後山・堂舎・道などが描かれ、最後に堺と署名が書かれたと推定しておく。

# 三 絵図描写の視点からみた東大寺の主張

## (一) 寺 域

東大寺山堺四至図から東大寺の寺域について論じたのは、管見の限りでは関野貞が初めてである（関野一九〇七）。関野は絵図の解釈に、護国寺本『諸寺縁起集』の東大寺条中の寺域の記載を援用した。それによれば、十堺寺道から北へ一堺までゆき、そして時計回りに七堺能登川を経て、20Gからは妙見山と御蓋山の間を流れる川沿いに御蓋山の東麓に至る。そして吉城川沿いを下り、氷池を経て山階寺の松林の北限築垣の北側を西に進み十堺に戻る。一九〇七年の段階で、山堺四至図を用い当時の地図上に寺域を復元した氏の論考はいまだに卓抜だといえるが、この寺域復原では「寺薗」「新薬師寺堂」「八堺氷室谷」といった堂舎や堺が寺域の外にはみ出てしまい孤立する。また、13Aと14Bにわたって描かれた「瓦屋」は、現在の遺跡名称でいうところの荒池瓦窯であるが、この瓦窯は出土軒瓦から天平年間に興福寺の瓦屋として創設されたものが、山堺四至図の作成よりも前の段階で東大寺の瓦屋になっていたことが有力視されている（堀池一九六四、奥村二〇〇四）。そのため関野説では、「瓦屋」も寺域からはみ出すことになってしまう。関野の次に寺域について論じたのは福山敏男である（福山一九三八）。福山は寺域を寺地と寺院地とに分け、本稿で言うところの寺域を寺地として図示した。それによれば、「十堺寺道」から時計回りに「七堺能登川」まで辿るのは関野説と同じだが、20F・Gで道と能登川が交差する場所からは、道が寺域境界線となり、「瓦屋」の北側で東京極大路に至り北上して十堺に戻る。いっぽう岸俊男は、福山説を基調としながら新薬師寺南側の南限線の解釈が福山説とは異なる（岸一九八二）。岸説の詳細は論考中の挿図に頼らねばならないが、図によれば「新薬師寺堂」の南に書かれた二つの「寺薗」の範囲を寺域の中に入れたと推測され、下側の寺薗北西端からは道が境界線となり「瓦屋」の北まで通じている。直近の研究では、吉川真司が関野と同じく護国寺本『諸寺縁起集』の東大寺条を援用して、寺域を想定している（吉川一九九六）。吉川説によると、「十堺寺道」から時計回りに「七堺能登川」を経て20F・Gから道を境界線とするのはこれまでの研究と同じだが、道が氷室谷に差し掛かると（14Cの東辺か？）境界線は真東へ折れ、松林東面築垣の延長線である15Dと15Eまで伸び、そこから真北に向かい松林の北東角で真西に折れ十堺につながるとする。

以上のように、福山敏男をはじめとした従来の説では、新薬師寺の南側を通る道を寺域境界線としてとらえているが、この道を境界線とすると、八堺・九堺・瓦屋が寺域外に出てしまう。また吉川は氏の寺域設定ならば、「八堺と九堺がうまく理解できる」と説くが、堺が書かれた目的は境界の定点を示すことにあったと考えられるため、堺はやはり寺域境界線上になければならない。そこで以下に示すのは、前章で述べた描写順序から考えられる寺域の私案である。

先述したように絵図はまず、三幅の麻布を繋ぎ合わせた後、縦横に朱線が描かれ、作図上の目安となる方格が作成されている。そしてつぎの段階に描かれたのは佐保川と能登川であった。このことは、両河川の描写が、すべての道を寸断し跨いでいること、さらにすべての山が、この両河川の内側に描かれていることから導き出される。ただし山の表現が、両河川の内側にしかないというのは、当地の地形上必然の結果といえるかもしれない。しかし、吉川や筆者が説いてきたように（吉川一九九六、奥村二〇一三・二〇一四）、F・G間ライン以東の山側部分の表現が厳密な測量情報に基づいていないということを考えれば、山同士の相対関係を重視しながら、すべての山を、両河川の内側にうまく収める意図があったであろうことは否めない。例えば、香山堂北側の山26・27の東端線は、地形的にみて佐保川・能登川を寸断していても不自然ではない。しかし絵図では、そのような表現がされておらず、さきの描写順序を傍証しているといえる。このように考えれば、朱線方格配置後に描かれたのは佐保川・能登川の両河川、およびそれらの支流と考えてまず間違いない。そして、両河川の後に描かれたのは東京極大路であった。

以上のことから、この絵図において、基準線である朱線方格のつ

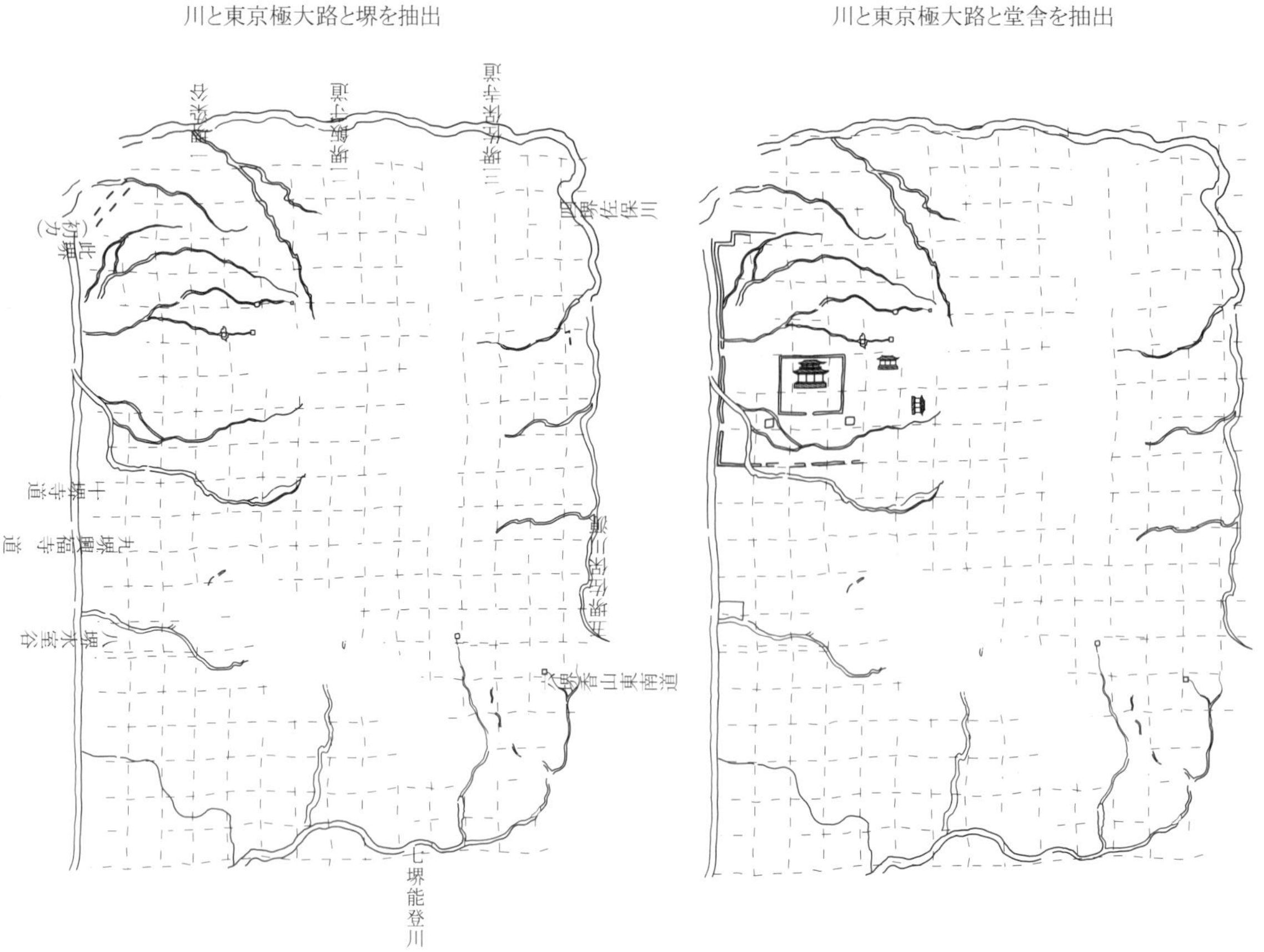


図４　東大寺山堺四至図から抽出した川・東京極大路・堺・堂舎

ぎに描かれた川と東京極大路は、寺域を示すものであったといえる。図４の左側は、上述のような描写順序を考慮して、川と東京極大路と堺の墨書を抽出したものである。絵図において佐保川と能登川は、寺域を示すために最初に描く必要があった。そしてその流域は、寺域表示という目的上、絵図の端いっぱいにまで描かれたのである。すなわち、佐保川と能登川は、測量情報の如何にかかわらず、絵図の北限・東限・南限に描く必要があったのである。そのため、能登川は絵図の南限に描かれ、新薬師寺の東側において実際の測量情報と齟齬をきたすことになったことは旧稿で説いた（奥村二〇一三）。

このように、佐保川と能登川を寺域境界ととらえた場合、従来その解釈が不確かであった絵図の南西部分にみられる墨線（17・18Ａに端を発する線）に対する解釈が可能となる。例えば吉川真司はこの描写について、寺域の外郭線とみることも可能としながら、新薬師寺近辺の台地と耕作地の境界線と捉えるのが妥当と説いている（吉川一九九六）。またこの墨線は、元興寺南大門前を通る四条北条間小路の延長上にある里道と考えることも可能である。しかし、能登川が寺域を示すという見解に立てば、この墨線の南東端はまさに、能登川が絵図から消える部分と接していることに気付く。さらにこの墨線の外側（南側）に、東大寺とは関係のない「人家」が描かれていること、堺の墨書がないことを併せて考えれば、この墨線は能登川が絵図から南にはみ出した部分よりも北側における、東大寺の寺域境界線と考えるのが妥当な見解だろう。おそらくこの墨線は、京外における四条北条間小路の延長線で、かつ東大寺の寺域境界線でもあったと考えられる。以上のように筆者は、山堺四至図作成時の東大寺の寺域を、東京極大路と佐保川と能登川で囲まれた範囲内と捉え、能登川が新薬師寺よりもさらに南側に流れる箇所では、「寺薗」（20Ｅ）の西限線に端を発し四条北条間小路へと向かう境界線があったと考える。

## (二) 山表現の視点

東大寺山堺四至図では、山は稜線と樹木で表現される。稜線の太い箇所は二本の墨線を描き、さらにその中を黒く塗りつぶし、細い箇所は一本の墨線のみで表現する。(5) 樹木については、松林や神地付近では、木の幹と葉の表現で、一本ずつ描かれているが、山の場合は、木々が密集している様子のみ表現されている（ただし絵図の北東部など、一部では木の幹が表現されている箇所がある）。この稜線および樹木の表現と類似する例が、天平宝字三年の糞置村開田地図と、山堺四至図と同じ勝宝八歳の年紀を有する摂津職嶋上郡水無瀬荘図でみられる。ただし両者は、稜線と樹木の他に山麓線を描いており、この点で山堺四至図とは異なる。両図の山麓線はおそらく、開田図という性格上、田地と山地の境界を示す必要があったために描かれたと考えられ、開田図の性格を有さない山堺四至図には描く必要がなかったのであろう。

さらに、山堺四至図と天平宝字三年糞置村開田地図は、平地側から見た方向で山が描かれていること、その視点が複数あることでも共通点がみられる。両図の山はいずれも、決して一方向から鳥瞰的に描かれているのではない。いっぽう水無瀬荘図では、山は平地側からの視点ではなく、それとは反対の、山の外側からの視点で描かれている。そのため、水無瀬荘図は平地が東以外の三方を山で覆われるような表現となっており、この点で山堺四至図の山表現と異なる。

平地からの視点で山を描く表現方法は、もちろん他の荘園図にもみられ、さきの二絵図だけにあてはまるものではない。とはいえ、稜線と樹木の表現方法、山の位置関係の捉え方という点で、山堺四至図と糞置村開田地図が共通する以上、糞置村開田地図で東大寺側が主張している内容は、山堺四至図にも置き換えて解釈することが可能だといえる。糞置村開田地図では、すべての山が東大寺の占有する寺田もしくは谷から見た目線でもって表現されている（金田一九九一ａ、栄原一九九六）。すなわち糞置村開田地図では、複数の地目において、その占有を主張したいがために、それぞれの地から見た視点で山が表現されているのである。そしてこの土地と山との組み合せが複数合わさって、絵図全体を構成している。いわば山の描写は、占有を主張したい地目が前提となってはじめて、それを取り囲む形で表現されているのである。

この原則を山堺四至図にあてはめれば、東大寺がこの絵図で意図したことの内容がおぼろげながらみえてくる。すなわち、絵図の中で山が表現されているもととなる視点を整理すれば、この絵図の中で東大寺が重要視していた堂舎や、地目が自ずとみえてくるのである。以下に、山を表現したもとになる視点を北から列挙してみよう。

①二堺飯守道、と三堺佐保寺道
②大仏殿近辺と羂索堂・千手堂の上院地区
③松林と神地の春日野地区
④新薬師寺近辺の高畠地区
⑤香山堂

①は、寺域の北側の堺について、山を目印として表現したものと

いえる。②の地区は、西側以外の三方向で山の表現がみられる。今は何の痕跡も留めないが、南大門と大仏殿中門の間には絵図のとおり小高い山があった。③の地区は、東に御蓋山、南に瑜伽山の表現がみられる。②と③は一体とも考えられるが、南大門北側に山の表現がある限り②と③はそれぞれ独立している。④は北側に山を描くが、吉川真司も指摘するように比定できる山はない。敢えて比定するなら、御蓋山から派生する尾根、もしくは逆に瑜迦山から派生する尾根か。また東側の山34も同様、比定できる山はない。いっぽう、山34のさらに東の山36は妙見山である。以上のように、山33・34が、実際の平坦な地形を無視してでも、敢えて描かれているということは、絵図の中で新薬師寺からの視点をどうしても強調したかった、という意図が感じられる。⑤は北側の山26、東側の山27が、香山堂からの視点で描かれている。

①は絵図が寺域を示すという目的上、③は東大寺以外の寺社が占有する地目であったから、という意味でいずれも絵図製作の手続き上不可欠な視点である。あえて言うなら、①と③は絵図の性格上書かざるを得なかったものといえる。そこで上記の五つの視点から、①と③を引けば、寺域内であるにも関わらず、東大寺がそこからの視点で敢えて描きたかった対象が浮かび上がってくる。それは、大仏殿近辺の平地部と、羂索堂・千手堂のある上院地区、そして新薬師寺近辺の高畠地区と、香山堂の四箇所である。おそらくこれらの四箇所が、東大寺成立時から天平勝宝八歳時点までの東大寺の中核地区であり、天平十九年以前の前身寺院とそれ以降の移転後の寺院の関係を示していると筆者は捉える。さらに吉川真司のいうように（吉川一九九六）、大仏殿と上院地区、新薬師寺と香山堂という、平地の寺院と山中の寺院の対応関係も表現しているのだろう。

## 四　絵図に描かれた堂舎

### (一)　絵図に描かれた堂舎の種類

山岸常人は、山堺四至図における建物・施設の表現を以下の四つに分類している（山岸一九八〇）。

①大仏殿や羂索堂などにみられる立面描写。

②戒壇院や神地などにみられる区画描写。

③井戸を示す□印の描写。

④経房にみられる文字のみの表記。

以上のなかで、最も重要視されるのが①の建物であるが、これらは描かれているものと描かれていないもの差異が判然とせず、原則は見出し得ないというのがこれまでの一般的な評価だった（例えば、村田一九六三）。しかし、立面描写により描かれた堂舎を個別にみてみると、大仏殿は東大寺の金堂に相当し、羂索堂と千手堂は『東大寺要録』「諸院章」で各々が別項で述べられているように、上院地区を形成する各院の金堂相当建物である。また新薬師寺の堂は、近年の発掘調査であきらかになったように（奈良教育大学二〇一二）、同寺の金堂である七仏薬師堂にあたると考えられる。さらに、香山堂は森蘊が発見したように（森一九七一）、二つの翼楼を持つ金堂相当建物にあたり、これ以外にも複数の雑舎が付属し院を形成していた。また前述したように、大伴寺も絵図中の堂だけではなく、西塔を伴うことから必然的に他の堂舎の存在が考えられる。このように、山堺四至図で立面表現されている堂舎は、各寺もしくは各院の金堂もしくはそれに相当する建物にあたり、この堂舎が他の伽藍を代表していると考えるべきである。そして、前述した山を描いた視点から想定される東大寺の主張を鑑みれば、上院・大仏殿近辺・香山堂・新薬師寺の最も主要な堂舎が建物として描かれていることがわかる。

## (二) 東大寺山堺四至図の堂舎表現と大仏蓮華座線刻図の堂舎表現の類似性

上記で、山堺四至図における建物描写の特徴を挙げた。このうち大仏殿や羂索堂などにみられる立面描写と類似する表現を、大仏蓮華座受花に描かれた毛彫り鏨による線刻図（以下蓮華座線刻図1、図3）のなかに、多数見いだすことができる。ちなみに、飛鳥時代から奈良時代の絵画・工芸品のなかで建物を描写した例は、中宮寺天寿国繡帳、法隆寺玉虫厨子、長谷寺銅板法華説相図、当麻寺曼荼羅、法華堂根本曼荼羅、二月堂本尊光背身光部背面、正倉院中倉紅牙撥鏤尺、正倉院中倉越前国足羽郡道守村開田地図、上品蓮台寺本絵過去現在因果経、頭塔石仏背面浮彫、額田寺伽藍並条里図、平城京出土板絵（楼閣山水図）などが挙げられるが、これらにみられる建物は立面図ではなく、俯瞰図であったり、描写が山堺四至図よりもはるかに精密もしくは、簡略化され過ぎているかで類似するものはない。

図5は筆者が直接蓮華座にて撮影した写真と、『南都六大寺大観』（南都六大寺大観刊行会編一九六八）や、『東大寺大仏の研究―歴史と鋳造技術―』（松山編一九九七、図版編）所載の写真から書

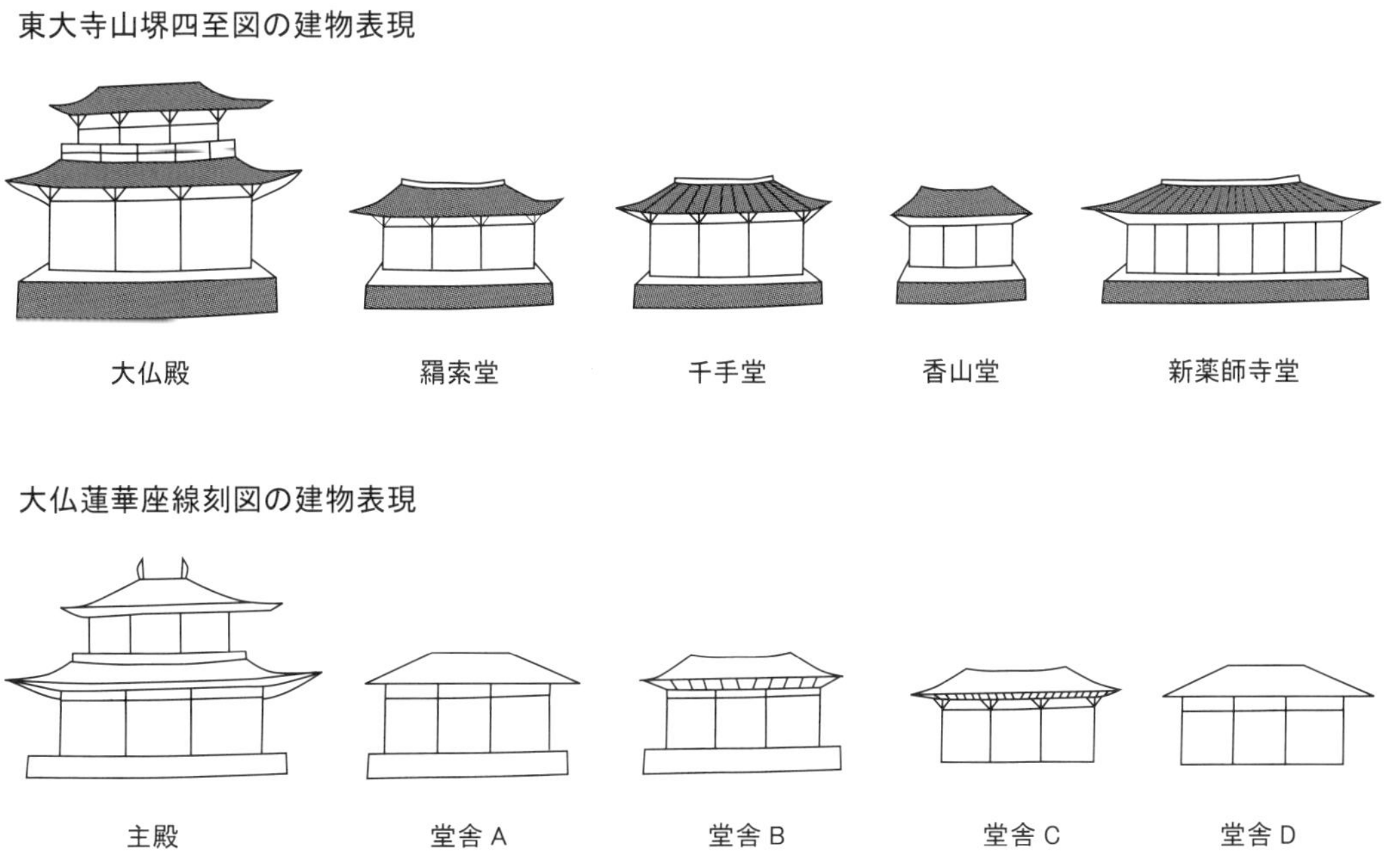


図5　東大寺山堺四至図と大仏蓮華座線刻図の建物表現

き起こしたトレース図である。この線刻図に描かれた建物は、図中段の二十六本の横界線で仕切られた二十五段の横長の区画のうち、最上階の三段を除いた二十二段と、図下段に七つみられる須弥山世界中の最上部（忉利天宮）と、その下にみられる四層の山並み（四王宮）のなかに描かれる。ここに描かれた建物は、大弁ならば一枚につき百三十棟以上におよぶため、必然的にその描写には個体差がみられる。しかし、その描写を大きく分類すれば、正面からの立面図と、斜め上方向からの俯瞰図の二種類に分けることができる。これらのなかで、大半を占める正面からの立面図は、以下の四種類に分けることができる。

①建物単独で描かれるもの。
②建物とその周りに回廊が描かれるもの。
③建物と回廊が描かれ、回廊内に脇殿が描かれるもの。
④単独建物であるが、翼楼を伴うもの。

このうち②③④の建物は、中段の横長区画の中心のみで見られ、この部分が三界のうち色界と無色界を細分して表現していると考えられることから、各界における主殿を表したと考えられる。②③④の建物例で、山堺四至図に描かれた大仏殿と類似するものは複数あるが、図5に示した主殿は大仏左手下の大弁の上から四段目の建物描写から、回廊を省いて主殿だけを抜き描きしたものである。この図を一瞥すればわかることだが、蓮華座線刻図に描かれた主殿と山堺四至図の大仏殿には、表現上の類似点があることがわかる。いずれも、裳層を持ち、桁行きも同数で屋根の反り方も酷似する。蓮華座線刻図の主殿には、大仏殿にみられるような、斗栱や細かな高欄の表現はないが、これは墨書きと鏨彫りとの表現上の差と考えられ、墨書きでは微細に表現できたものが、鏨彫りでは省略されたものと考えられる。

つぎに、①の建物単独で描かれるものについてであるが、これらは横長区画のなかでは主殿の左右に配置されている。このうち最も多くみられるのが、図5中の堂舎A（基壇あり）と堂舎D（基壇なし）で、つぎに多いのが垂木を表現した堂舎B（基壇あり）と垂木と斗栱を表現した堂舎C（基壇なし）である。ただし、堂舎Bと堂舎Cは少数派で、多くを占めるのは堂舎Aと堂舎Dである。ここでもやはり、蓮華座線刻図中の建物と、山堺四至図に描かれた大仏殿以外の堂舎との間に、表現上の類似点を認めることができる。堂舎Aや堂舎Dで、大棟や瓦筋、斗栱といった細かな表現がみられないのは、主殿と同様、鏨彫りの技術的限界によるためか、製作手間を省いたためのいずれかだろう。

この線刻図は、正面の大弁十四弁とその背後の小弁十四弁、合計二十八弁のすべてにおいて、一様に彫り込まれていたと考えられるため、刻画にあたっては一枚の原画から複数の下絵を作成し、その下絵をもとにしたか（浜田一九六八、前田一九八六）、一枚の原画を参照しながら蓮弁表面に直接下絵を描いたか（田中・西一九九七）の、いずれかの方法によったとされる。銅製品に限らず、工芸品や染色品、堂内装飾などあらゆるものに装飾を施す際には、下絵である「様《ためし》」が用いられたことは、その実物や文献史料からあきらかである。例えば、正倉院中層に収められる、宝相華紋の「造花様」には篦状の工具によって、紋様を裏面から強くなぞった痕跡が残っている（平田一九九二）。また、正倉院文書中の『充厨子彩色帳』（大十二ノ二四二～二四三）(6)は、大仏殿内に置かれた六宗厨子の彩色に関わる文書であるが、そこには「画様高善君万呂」とあり、前後の内容から高善君万呂なる画師が様《ためし》を描いて、厨子の彩色をした状況が推察できる。浜田隆は大仏蓮華座線刻図の特徴を、「鏨を浅く深く抑揚をつけて彫り進むような技巧的なところはなく、下絵に従って忠実に彫り上げた」点に求めるが（浜田一九六八）、ここから下絵が同じ太さの線で一様に描かれていたことがわかる。このような表現上の特徴は、様《ためし》から紙や布の下絵を作成した場合でも、蓮弁に直接下絵を描いた場合でも変わらないだろう。したがって、厳密に解釈するならば、山堺四至図の堂舎表現は、大仏蓮華座線刻図の下絵と酷似するとみるべきである。なお、図5の主殿とはやや表現の異なるものが、他の蓮弁で確認できることから建物の下絵は複数あった可能性も考えられる。

以上のように、山堺四至図と大仏蓮華座線刻図は、堂舎の表現方法に類似点が認められるわけだが、両者の間にはこれ以外にも類似点がある。それは製作時期である。山堺四至図の製作時期はその年紀から、天平勝宝八歳六月九日以前と考えられ、どれほど長く製作期間を見積もっても同年の春頃から、六月にかけて描かれたとみるのが妥当だろう。いっぽう、大仏蓮華座線刻図の製作時期については、台座の鋳造時期と大きく関わる。台座の鋳造時期は、かつて本尊盧舎那仏との関連で、本尊よりも前に鋳造されたとする蓮華座先鋳説（関野一八九八a・一八九八b・一九〇一、香取秀一九四二・一九四三、香取忠一九六五・一九七七）と、本尊完成後に鋳造されたとする後鋳説（足立一九三五、福山一九三八・一九五二、家永一九三八・一九四八、奥村一九七六・一九七七）の間で論争があったが、前田泰次らによる詳細な分析（前田一九九七、前田・西一九九七）の結果、いまや先鋳説を唱える論者は皆無に等しい。なかでも奥村秀雄は、前田論考発表以前から後鋳説の立場をとり、台座の鋳造工程と線刻図の刻入期間を推定していた（奥村一九七六・一九七七）。奥村によれば、台座は天平勝宝四年二月十六日から鋳造が始まり、天平勝宝八歳七月二十九日までに終了し、その直後に図の刻入が始まり翌年勝宝九歳正月には終了したという。

山堺四至図の作成は、勝宝八歳春頃から六月まで、蓮華座線刻図の刻入は、同年八月から翌年の正月までである。このように両者の製作時期については、約二箇月の間隙を挟むものの、ほぼ同じ頃に製作されたことが指摘できる。

### ㈢　写書所の画師について

つぎに両図の製作にあたった画師について考えてみたい。ここで取り上げたいのは、かねて議論の対象となってきた、天平勝宝九歳三月二十九日付の『写書所食口帳』（大十三ノ二一五）である。この食口帳のなかには、「三人界大仏御産花」という記載があるが、これについて家永三郎は、大日本古文書の補記を自説の蓮華座後鋳説に引き寄せ、「産」を「座」と解し、大仏の蓮華座線刻作業に携わった画師の人数ととらえた（家永一九三八）。しかし、家永の解釈に対しては、その後反論が相次いだ。まず香取秀真は、この座は銅座ではなく下層の石座を指すとした（香取秀一九四二）。つぎに福山敏男は、この食口帳を聖武一周忌のための造花などの供養具作成に関わるものとし、蓮華座線刻図との関連を否定した（福山一九五二）。さらに香取忠彦は、福山説を受けて「御産花」を散華と捉え、聖武一周忌用の散華製作に関わるものと説く（香取忠一九六七)。奥村秀雄も福山同様、蓮華座線刻図との関連を考えず、散華説の可能性を示唆する(奥村一九七六)。これらの諸説には、各論者の大仏と蓮華座の鋳造順序に対する考え方が色濃く反映されているが、奥村秀雄が説くように、台座を「産花」と記す例が皆無であることから、食口帳にある作業を蓮華座に関連させるのはやはり無理があるだろう。時期的な点や読み方から考えて、「三人で大仏の散華を界(墨書き)した」と読むのが穏当な解釈といえる。

食口帳と蓮華座の線刻を結びつけた家永の解釈は、やや難があるが、氏がそもそも説きたかった蓮華座後鋳説は今や定説である。ここで筆者が確認しておきたいのは、写書所という組織の性格である。奥村秀雄は写書所が担当した作業について、写経所とほとんど変わらないものであるが、『充厨子彩色帳』(大三ノ五六六)などにみられる、大仏殿内の六宗厨子の彩色作業も担当していることから、その事業内容を「写経事業こそ中心であれ、相当臨機応変的なものであった」と述べている(奥村一九七六)。なお、最新の研究では写書所とは、「東大寺写経所全体を包括する機関名であり、その意味では、写経所と同じ」とする山下有美の解釈が有力である(山下一九九九)。さきに取り上げた六宗厨子彩色関連文書(大三ノ五六六、三ノ五七一、三ノ五七三など)からは、写書所に所属する十九人の画師が、大仏殿内に置かれた厨子の彩色にあたったことがわかる。このように写書所は写経事業を中心に担ったが、前述したような画師による散華の製作や厨子の彩色なども担当していたといえよう。

ここで興味を引くのは、写書所の担当事業に荘園絵図の製作がみられることである。天平勝宝八歳九月二十九日付の『写書所食口帳』(大四ノ一八四)には、画師十一人分の食口を載せるが、そのなかに「二人絵所々庄図」という内訳が記されている。すなわち、天平勝宝八歳九月中における写書所では、二人の画師が、複数の庄図(荘園絵図)を作成していたのである。ここでまず、写書所において荘園絵図を作成していたという事実を確認しておきたい。

つぎに、具体的に絵図を作成した画師についてみてみよう。『東大寺領庄図料丹下注文』(大十三ノ二〇四)は、天平勝宝八歳九月十九日(始)の年紀を持つ、「作所々庄図料下如件、付上楯万呂」と、荘園絵図作成に関わる注文書であるが、このなかに実際に絵図の作成を担当した上楯万呂なる画師の名前が記されている。画師上楯万呂の名前は、天平勝宝六年から神護景雲元年の間の正倉院文書中に、二十一度にわたって現れる。彼は天平宝字六年六月二十四日付の『造東大寺司牒』(大五ノ二四〇)や、同年の『造石山院所解』(大十五ノ二三二)、『造石山院所□』(大十五ノ二三三)の作業内容から、主に仏画の墨書きや彩色を担当した画師であったことがわかる。さきの、『東大寺領庄図料丹下注文』でみられた天平勝宝八歳九月の絵図作成段階で、上楯万呂が写書所(写経所)に属していたかどうかは確言できないが、従前の指摘にあるように(むしゃこうじ一九九〇、藤井一九九三)、仏画を担当した画師は、荘園絵図の作成にも携わっていたことがわかる。以上のことから、天平勝宝八歳段階で写書所(写経所)に属した画師は、仏画を作成する作業以外に、荘園図も作成した事実が想定されよう。

このように、山堺四至図の建物表現と蓮華座線刻図の建物表現が似通うのは、両者が同一の組織に所属する画師により作成されたためだと考えられる。

## 五　建物と川の表現からみた東大寺の世界観

### (一)　佐保川と能登川の描写とその源

冒頭で述べたように、朱線方格を引いた後に描かれたのは佐保川と能登川で、次に描かれたのは東京極大路であった。東大寺の寺域を画するものとして、東京極大路というのは平城京との位置関係からして必然的な標識であったものの、佐保川と能登川は東大寺側が寺域境界として敢えて選んだ地標であった。いずれの川も石切峠付近を源としており、奈良盆地北部の平野部を形成する主要河川である。平城京域を流れていた川としては、この他に秋篠川が挙げられるが、平野部を形成した河川としては流量および流域において、佐保川と能登川にはとうてい及ばない。いわば平城京は、佐保川と能登川により形成された平野部の中に成り立っているのであり、その源から東京極大路までの範囲を東大寺が寺域として占有していることになる。これは、三次元的な意味で平城京の上階に東大寺が位置することを意味する。

### (二)　ありもしない川と、敢えて湾曲して描かれた川

次に東大寺の寺域内を流れる川についての絵図の表現をみれば、さらなる三次元的な階層認識を窺うことができる。絵図中の川や山についての詳細な現地比定は旧稿（奥村二〇一三・二〇一四）に委ねるが、以下では大仏殿の北側における川の表現で見逃すことができない例を挙げてみたい。

まずは、川４（図２）についてである。川４は丸山の北に源を発し食堂の北を流れ、講堂の東で絵図では二月堂の閼伽井に源を発する川３と合流する。したがって、川４の水源は３Ｆに描かれなければならないのだが、絵図では方格二つ分南の５Ｆに描かれた井戸（井３）が源となっている。次に挙げるのは川５であるが、実はこの川は存在しない。川５は知足院山（山４）の南に描かれているが、知足院山の南側で現地比定のできる川は、川３と川４のみである。付近の地形から埋没した川を推定することは不可能で、また実在する川６が描かれていることから知足院山の北側に流れる川を南側に誤写したとも考えにくい。敢えていうなら、ありもしない川を描いたということになる。

以上のような、実際の地形を無視した川の描写は、象徴的な意味合い持って描かれたか、描写対象の相対的な位置関係を示すために描かれたかのどちらかだろう。とはいえ、川５のように存在もしないものが描かれている状況を考えると、前者の可能性が極めて高い。さきに筆者は、絵図中に描かれた佐保川と能登川が、東大寺の寺域境界を示すとし、両河川に囲まれた春日山中から東京極大路までの一大地帯が東大寺の寺域であったと説いた。これと同様のことが、上院地区をふくめた大仏殿近辺の描写から窺えるのである。山堺四至図の作成においては、最初に朱線方格が描かれ、つぎに能登川・佐保川の両河川、その後東京極大路が描かれたが、この段階での描写が、絵図作成にあたっての基本的な枠組みとなったことは想像に難くない。図４の右側はこの段階を復元し、さらに大仏殿付近の堂舎と川を付加したものである。もちろん、この図は絵図の製作順序を厳密に示すものではないが、大仏殿周辺の世界観を窺い知ること

ができる重要な情報である。この図をみると、まず東大寺の寺域全体が、能登川・佐保川の両河川で囲繞されているのがわかるのと同時に、大仏殿と上院地区もその南北に流れる河川で囲繞されているのがわかる。逆に言えば、このように大仏殿と上院地区が、河川に囲繞されている状況を描きたいがために、川4は弓なりに描かれ、さらにありもしない川5が付け足されたと考えられるのである。もちろん、上記の考え方は川4と川5の描写だけでは証拠不十分の感もあるが、寺域を示す佐保川と能登川が、同様の手法で描かれていることを考えれば自ずと妥当性を持ってくる。

佐保川と能登川が寺域を示すという大前提に立てば、この二河川は俗世界と聖世界の境界を示すものといえる。そしてこの二河川の内側で、大仏殿および上院地区を囲繞するように流れる複数の河川は、聖世界のなかのさらなる内側の境界を示すものと考えられる。

## (三) 東大寺の寺域設定にみられる世界観

ここまで説いてくればわかることだが、上記で述べた世界観は、蓮華座線刻図に描かれた世界観とも共通する。さきに筆者は、山堺四至図と蓮華座線刻図にみられる建物描写に類似性がみられること、両図の製作時期が接近していること、そしてその背景として、両図が同じ組織により製作された可能性が考えられることを指摘したが、さらにこの両図が意識した世界観にも類似するものがあると考えたい。

蓮華座線刻図については、本尊盧舎那仏の造顕思想と関わって、その典拠となった経典について数多くの論争がなされてきた。すなわち、大仏を『華厳経』の教主である盧舎那仏であると説くとき、その台座に描かれた世界が『梵網経』によるものという理解が障壁となり、そこから様々な論争が交わされてきたのである。この論争は、蓮華座線刻図が『梵網経』を典拠とすると捉え、そのうえで大仏を『梵網経』教主の盧舎那仏であるとした小野玄妙の説(小野一九一五)が引き金となった。小野説の発表後、数々の論争が繰り広げられてきたが、論争の詳細について述べると、それだけで紙数が尽きてしまうので、松本伸之(松本一九八六)や岩永省三(岩永二〇〇三)による研究史の整理を参照していただきたい。諸説の代表的な例を箇条書きにすると以下のようになる。

①盧舎那仏も蓮華座線刻図も『梵網経』を典拠とする説(小野一九一五)。

②盧舎那仏は『華厳経』を、蓮華座線刻図は『梵網経』を典拠とする説(家永一九四八)。

③盧舎那仏も蓮華座線刻図も『華厳経』を典拠とする説(平岡一九七一)。

④盧舎那仏は『華厳経』『梵網経』の両経を典拠とし、蓮華座線刻図は『梵網経』を典拠とする説(境野一九三一、大屋一九四二)。

もちろん、上記以外にも井上薫のように『華厳経』や『梵網経』という、単一の経典に基づくものではなかったという考えもあり(井上一九五五)、さらにその延長線上の理解として、蓮華座線刻図は『大智度論』を中心として『梵網経』の教説を加えて造顕されたとする解釈も出されている(松本一九八六)。現在では、当時の経典理解を斟酌したうえで、『華厳経』と『梵網経』の両経を基礎としながら、それら以外の教説も取り入れた、という見解で定見を得ているようである。例えば吉村怜は、蓮華座線刻図の造顕思想について、『華厳経』と『梵網経』を主たる典拠としながら、「あらゆる仏教学的知識を加味して構築されている」とする（吉村一九九九）。また稲本泰生は、二月堂本尊光背の図像を解するにあたり、同じ図像構成をとる蓮華座線刻図の造顕にあたっては、『華厳経』『梵網経』の両経を典拠としながら、『大智度論』を補足的に用いたとする（稲本二〇〇四）。

筆者は教義・教学には門外漢であるため、上記の論争については感想文的な評論しかできない。しかし諸説をふまえたうえで、蓮華座線刻図の世界観について教科書的な言い回しを用いるなら、伝統的な古代インドの宇宙観を下敷きとし、それを発展・体系化した須弥山世界観を採用したといえよう。

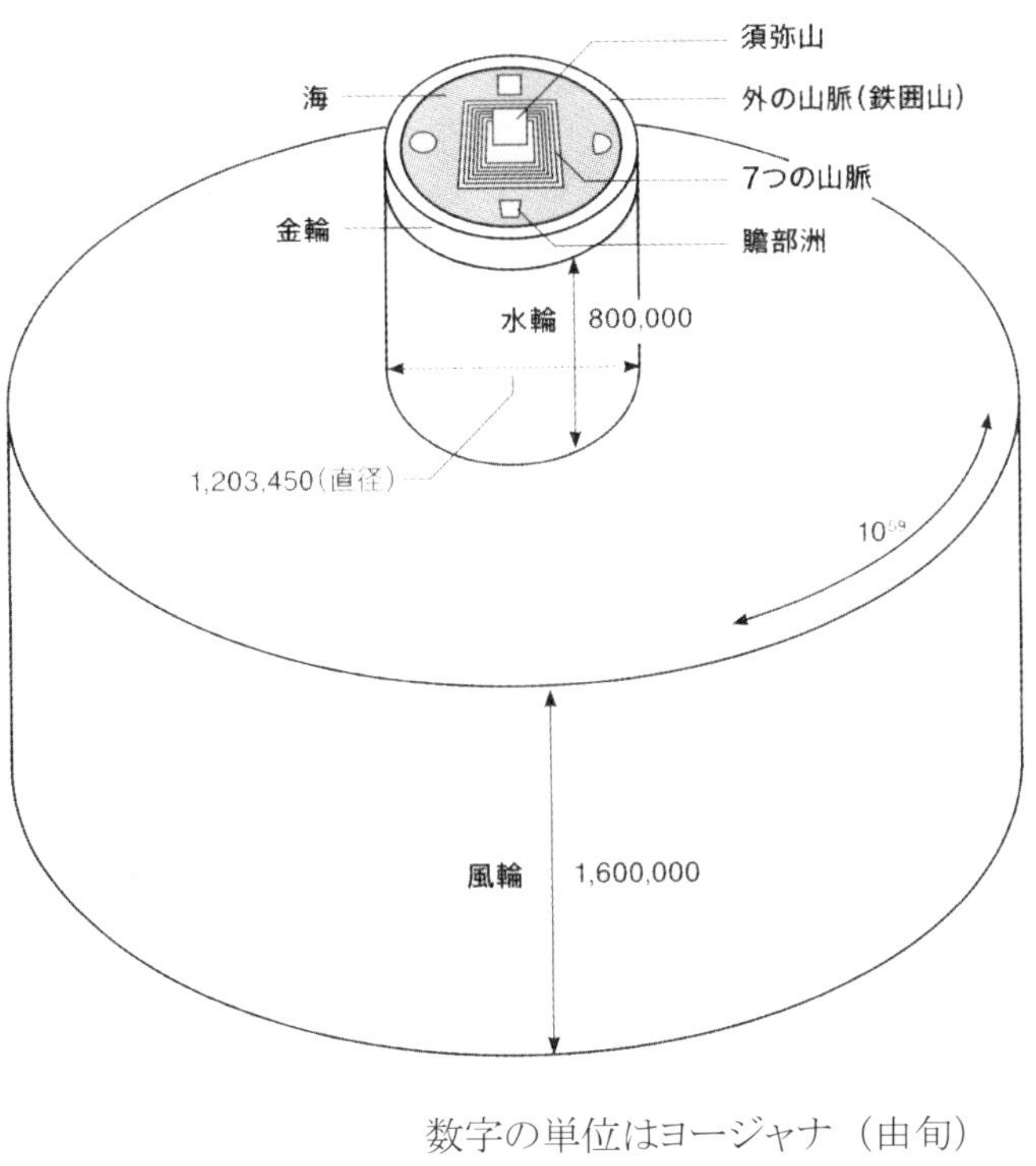

図６　須弥山世界のイメージ図（定方2011より）

このように、本尊と蓮華座が、『華厳経』（蓮華座はさらに『梵網経』）に採用された須弥山の世界観を現出すべく造顕されたと考えるならば、大仏殿を包含するその寺域もまた、同じ思想に拠ったと考えるべきである。須弥山世界を語る基本的な教書『倶舎論』では、現世である贍部洲から海を隔てたところに、角柱の須弥山があり、その上に禅定によって到達される三界を置くという世界認識が総合的に説かれる。その三次元的世界観は、まさに山堺四至図に表れる東大寺の寺域から、大仏殿・上院地区そして、蓮華座、盧舎那仏へと昇華する世界観と符合する。このように、東大寺の寺域は『華厳経』と『梵網経』に採用された須弥山世界を意識して占定され、さらに、大仏殿・上院地区はその中の上階に位置するものとして認識されていたと考えられる。山堺四至図が示す広大な寺域から、堂舎内の尊像一つの製作に至るまで、そこには創建期の東大寺が描いた世界観が貫徹していると筆者は考える。

（おくむら　しげき・大阪府文化財センター）

## 註

（1）絵図の四辺に東西南北を記す方法は、これ以降標準的なものとなったようで、ほとんどの東大寺荘園図で採用されている。

（2）したがって、東大寺山堺四至図という名称は、後につけられた俗称で、絵図が主張する本名は東大寺図であるが、本稿では一般化している東大寺山堺四至図の名称を用いる。

（3）本図以外の東大寺荘園図でも堺を墨書するものが複数あるが、堺に番号を付しているのは本図だけである。

（4）ただし、福山敏男も後には大伴寺説を採っていることが、〔福山一九三八〕を改稿した著作集中の論考からわかる（福山一九六六）。

（5）なお二本線の中を塗りつぶす作業を怠った例が瑜迦山東麓の表現（16Cから16Eにかけて）にみられる。

（6）『大日本古文書』第二巻二四二〜二四三頁、以下本稿では『大日本古文書』からの引用を同様の方法で記す。

## 参考文献


足立康一九三五「奈良時代に於ける興福寺の占地」『考古学雑誌』第二五巻七号　日本考古学会（後に同『足立康著作集一』中央公論美術出版に所収）

家永三郎一九三八「東大寺大仏の仏身をめぐる諸問題」『史学雑誌』第四九編第二号　史学会（後に同『上代仏教思想史研究』法藏館、に所収）

家永三郎一九四八「東大寺大仏銅座蓮華蔵世界図の問題」村上昭房編『東大寺法華堂の研究』大八洲出版

稲本泰生二〇〇四「東大寺二月堂本尊光背図考」奈良国立博物館研究紀要『鹿園雑集』第六号

井上薫一九五五「東大寺大仏造顕思想に関する試論」『続日本紀研究』第二巻第一号　続日本紀研究会（後に「東大寺大仏の造顕思想」として同『奈良朝仏教史の研究』吉川弘文館に所収）

岩永省三二〇〇三「頭塔の系譜と造立事情」『東大寺の歴史と教学』ザ・グレイトブッダ・シンポジウム論集第一号　東大寺

大屋徳城一九四二『寧楽仏教史論』平楽寺書店

奥村茂輝二〇〇四「造東大寺司造瓦所と瓦屋」『MUSEUM』五九三　東京国立博物館

奥村茂輝二〇一三「東大寺山堺四至図の基礎的研究—絵図の南半分を中心に—」『佛教藝術』三三一号　毎日新聞社

奥村茂輝二〇一四「東大寺山堺四至図の基礎的研究（2）—絵図の北半分を中心に—」『佛教藝術』三三五号　毎日新聞社

奥村秀雄一九七六「国宝東大寺金堂鎮壇具について—出土地点とそれによる埋納時期の考察」『MUSEUM』東京国立博物館美術誌　№二九八

奥村秀雄一九七七「東大寺大仏蓮弁毛彫図の研究」『東京国立博物館紀要』一二　東京国立博物館

小野玄妙一九一五「東大寺大仏蓮弁の刻画に見ゆる仏教の世界観」『考古学雑誌』第五巻第八号　日本考古学会（のちに同『仏教之美術及歴史』仏書研究会に所収）

香取忠彦一九六七「東大寺大仏鋳造の諸問題」『MUSEUM』東京国立博物館研究誌　№二〇〇・二〇一号

香取忠彦一九七七「東大寺大仏の創造時における鋳造技法に関する調査・研究」『東京国立博物館紀要』一二　東京国立博物館

香取秀真一九四二「東大寺大仏に関する二つの問題」『歴史日本』一—三

香取秀真一九四三『続金工史談』桜書房

岸俊男一九八二「平城京と社寺」奈良公園史編集委員会編『奈良公園史』奈良県

岸俊男一九八三a「東大寺山堺四至図について」『正倉院年報』五　宮内庁正倉院事務所（後に同『日本古代文物の研究』塙書房に所収）

岸俊男一九八三b「平城京と「東大寺山堺四至図」」『日本歴史の構造と展開』山川出版（後に同『日本古代宮都の研究』岩波書店に所収）

金田章裕一九九一a「越前国足羽郡糞置村開田地図における山の表現と条里プラン」荘園絵図研究会編『絵引荘園絵図』東京堂出版（後に同『古代日本の景観　方格プランの生態と認識』吉川弘文館に所収）

金田章裕一九九一b「東大寺領越前国開田地図における絵画的表現と条里プラン—道守村・高串村両図のコンセプトと現地比定を中心に—」『福井県史研究』九　福井県史編纂委員会（後に同『古代日本の景観　方格プランの生態と認識』吉川弘文館に所収）

境野黄洋一九三一『日本仏教史講話』一（平安期以前）森江書店

栄原永遠男一九九六「越前国足羽郡糞置村開田地図」金田章裕・石上英一・鎌田元一・栄原永遠男編『日本古代荘園図』東京大学出版会

定方晟二〇一一『インド宇宙論大全』春秋社

関野貞一八九八a「東大寺大佛蓮座彫刻の年代に就て」『建築雑誌』一三九号　建築学会

関野貞一八九八b「再大佛蓮葉彫刻年代に就て」『建築雑誌』一四四号　建築学会

関野貞一九〇一「創立当時の東大寺大仏殿及其仏像」『史學雜誌』一二—一二　史學會

関野貞一九〇七『平城京及大内裏考』東京帝国大学紀要工科　第三冊　東京帝國大學

田中勇・西大由一九九七「蓮弁受花の『蓮華蔵世界図』の線刻技術」松山鐵夫編『東大寺大仏の研究—歴史と鋳造技術—』解説篇　岩波書店

地図資料編纂会一九八七『日本近代都市変遷地図集成』柏書房

奈良教育大学二〇一二『新薬師寺旧境内―奈良教育大学構内遺跡の埋蔵文化財発掘調査報告書―』
南都六大寺大観刊行会編一九六八『南都六大寺大観　第十巻　東大寺二』岩波書店
浜田隆一九六八「大仏蓮弁の線刻蓮華蔵世界図」南都六大寺大観刊行会編『南都六大寺大観　第十巻　東大寺二』岩波書店　福山敏男一九三八「東大寺の規模」『国分寺の研究』上　考古学研究会
平岡定海一九七一「華厳経における須弥山思想の受容―大仏蓮弁毛彫の思想史的背景―」『大手前女子大学論集』第五号　大手前女子大学（後に同『日本寺院史の研究』吉川弘文館に所収）
平田寛一九九二「上代の画師・画工」『正倉院と上代絵画　飛鳥・奈良の絵画・工芸』日本美術全集三　講談社
福山敏男一九三八「東大寺の規模」角田文衛編『国分寺の研究　上』考古学研究会（後に角田文衛編一九八六『新修　国分寺の研究』第一巻　東大寺と法華寺　吉川弘文館に増補再収）
福山敏男一九五二「東大寺大仏殿の第一期形態」『佛教藝術』一五号　毎日新聞社
福山敏男一九六六「東大寺伽藍の成立」福山敏男著作集二『寺院建築の研究』中　中央公論美術出版
藤井一二　一九九三「古代における荘園絵図の描写と画師」『古文書研究』第三七号　日本古文書学会（後に同『東大寺開田図の研究』塙書房に所収）
古尾谷知浩二〇〇三「東大寺と頭塔―東大寺の南方への拡大―」『東大寺の歴史と教学』ザ・グレイトブッダ・シンポジウム論集第一号　東大寺
堀池春峰一九四八「東大寺の占地と大和国法華寺についての一試論」『続日本紀研究』第四巻―二・三号　続日本紀研究会（後に同『南都仏教史の研究』下　諸寺編　法藏館）
堀池春峰一九六四「造東大寺瓦屋と興福寺瓦窯址」『日本歴史』一九七（後に同『南都仏教史の研究』上　法藏館　一九七〇に所収）
堀池春峰一九七二「春日離宮」『南都仏教史の研究』下　諸寺編　法藏館
堀池春峰一九八二「京東山中の寺社」奈良公園史編集委員会編『奈良公園史』（後に同『南都仏教史の研究』遺芳編　法藏館に所収）
前田泰次一九八六「盧舎那仏鋳造」角田文衛編『新修　国分寺の研究』第一巻　東大寺と法華寺　吉川弘文館
前田泰次一九九七「東大寺大仏の歴史」松山鐵夫編『東大寺大仏の研究―歴史と鋳造技術―』解説篇　岩波書店
前田泰次・西大由一九九七「銅座後鋳の技術的可能性」松山鐵夫編『東大寺大仏の研究―歴史と鋳造技術―』解説篇　岩波書店
松山鐵夫編一九九七『東大寺大仏の研究―歴史と鋳造技術―』解説篇・図版篇　岩波書店
松本伸之一九八六「東大寺大仏蓮弁線刻画の図様について」『南都佛教』第五十五號　南都佛教研究會
むしゃこうじ みのる一九九〇『絵師』ものと人間の文化史六三　法政大学出版局
村田治郎一九六三「東大寺の建築」『東大寺』近畿日本鉄道株式会社
森蘊一九七一『奈良を測る』学生社
森蘊・牛川喜幸・伊藤太作一九六七「東大寺山堺四至図について」『奈良国立文化財研究所昭和四十二年年報』奈良国立文化財研究所
山岸常人一九八〇「東大寺二月堂の創建と紫微中台十一面悔過所」『南都佛教』第四五号　南都佛教研究會（後に同『中世寺院社会と仏堂』塙書房に所収）
山下有美一九九九『正倉院文書と写経所の研究』吉川弘文館
吉川真司一九九六「東大寺山堺四至図」金田章裕・石上英一・鎌田元一・栄原永遠男編『日本古代荘園図』東京大学出版会
吉村怜一九九九「東大寺の仏身論―蓮華蔵荘厳世界海の構造について―」『佛教藝術』二四六号

# お水取りとお潮井採り
## ——山と海のネットワーク

岡田真美子

### 一　はじめに——環境宗教学

「環境宗教学」というものを立ち上げて、環境と宗教について研究しはじめて十五年あまりになる。その過程で、宗教はサステイナビリティ（持続可能性）と関係があるらしいということが分かってきた。なんといっても、宗教的時間というのは、人間の他の活動分野のそれに比べてスパンが長い。宗教の思想も宗教に関係する施設にも、その場しのぎのものでなく、長くいのちを保ち続けるよう、様々な配慮や工夫が施されている。

たとえば、二十世紀後半、家屋の耐用年数は一世代になり、代々受け継ぐものではなく、消費材になってしまったということが言われる。洋釘の寿命がだいたい三十年といわれるから、家が釘と心中してしまったようなものである。ところが、寺社が考える時間の単位は最低百年、時には千年になることもあるため、家が洋釘と心中するのとは反対に、文化遺産もその環境も、宗教によって寿命を延ばしていることになるわけである。このように宗教によって守られてきた環境、自然保護運動を支える宗教文化を研究するのが環境宗教学である。

環境問題というのは関係問題である。自分と環《ま》わり、人間とその環わり、あるいは、環境内の相互の存在同士のどちらかの力が強くなって均衡が崩れると環境問題は起こる。環境の問題は、複雑に見えていて、実はみな存在相互の関係性の変化から始まるのである。特に人間が原因となっている環境問題は、環境存在の関係性の変化が起こったところに、関係者の価値観の相違が生じて対立すると、より深刻化すると考えられる。

本論では、宗教文化遺産の継承ということに人々の関心を向け、共感を喚起することによってこのような価値観の対立を解消して、環境が守られた例をあげ、ついで、大仏建立の時代の環境を概観して聖武天皇の政策と心情への理解を深めるよすがとし、最後に、信仰に支えられた関係性（ネットワーク）形成が仏教文化遺産の継承を可能にしてきた実例として東大寺修二会を取り上げて、最初に述べた海と山の環境ネットワークを参照しながら、大仏建立と「お水取り」にこめられた願いとその功力を論じるものである。

## 二　山と海のネットワーク

### (一)　難しい自然保護—浜を守る運動

自然保護運動にも様々なものがある。中でも困難なものが、浜を守る運動である。

「古来、海は万民のものであり、海浜に出て散策し、景観を楽しみ、魚を釣り、泳ぎ、あるいは汐を汲み、流木を集め、貝を掘り、のりを摘むなど生活の糧を得ることは、地域住民の保有する法以前の権利であった。また海岸の防風林には入会権も存在していたと思われる。われわれは、これらを含め「入浜権」と名づけよう。」（高崎裕士制作　http://homepage3.nifty.com/eternal-life/irihama.htm）

一九七五年、上記の言葉から始まる「入浜権宣言」がでて、今年はちょうど四〇周年になる。牧師であった高崎裕士と神道者宇治田一也（故人）をリーダーとした、浜を埋立てから守る「入浜権運動」[1]は、全国規模のものとなり、四十年経った今も「入浜権運動をすすめる会」として兵庫県を中心に存続している。浜を守りたい人々の思いが産んだ「入浜権」ということばがあったからこそ、その言葉の元に全国の浜を守りたい人々が参集できて、入浜権運動のネットワークが育まれたとも言える。二〇一五年二月二十一日には高砂市で入浜権宣言四十周年記念集会も開かれた。

入浜権宣言が出た頃の「浜を守る運動」は、ＰＣＢ汚染などに対する反対運動も含まれる反公害運動であった。明確に批判対象のある運動にはそれなりの苛酷さがあり、また懐かしさ・愛着など浜の文化を守ろうとする運動には、保護の理由付けという別の困難が続いた。

保護すべき自然として認定される為には、まずそれのもつ「価値」を証明する必要があるが、浜の場合これがかなり難しい。裁判などでは、自然を開発（破壊）して得られる経済的価値が示されると、それに対抗する価値を示さなければならなくなる。埋立てによる経済効果をはじき出した経済的価値というのもよく考えると「捕らぬ狸の皮算用」で、どこまで実際的なのか疑問のあるものなのだが、ともかく数字を挙げることが出来るということで、いかにも客観的に見える。

ところが、ある浜の自然を開発せず保護したい、と考える側の挙げる埋立て反対の理由は「この景色が好きだから」とか「昔から親しんでいたので」などの主観的なもので、これでは裁判に勝てない。

浜でなくても景観論争では常にこの問題は起こる。そこで、一般には、その空間がもつ学術的価値を提示して争うことになる。アマミクロウサギがいるとか、ニッポンバラタナゴがいるとか、オオタカがいるとか、絶滅危惧種、レッドデータブックに載っている生物に、その空間の価値を代表させ、それと、「開発したら得られずはずの皮算用経済価値」とを戦わせるという戦略である。

環境哲学者桑子敏雄教授は、このような代理戦争は空間の豊かさを減じるものだと批判した（『環境の哲学』講談社学術文庫）。そこに紹介されている織田が浜は、ただシンプルに「浜」とだけ呼ばれてきた海岸であった。その風景は日本のどこにでもあったようなものであり、特に景勝の地であるというものではなかったし、特別の生きものが住んでいる浜でもなかった。この浜を守りたいと願った人がふと漏らした一言「せめて珊瑚があったらねえ」は、親しくかけがえのない風景を守ることの難しさをよく表している。

## (二) 成功した浜の保存運動——文化遺産の継承

しかし白砂青松の浜が次々に埋め立てられていった二十世紀が終わり、二十一世紀になって新しい動きがでてきた。広島県の歴史的な港、鞆の浦の埋立て架橋計画反対訴訟の勝利はマスコミでも大きく報道された。この埋立て反対運動の特徴は、多くの著名な研究者が参加し、宮崎駿監督が『崖の上のポニョ』（二〇〇八年八月封切）の舞台に鞆の浦の美しい風景を使ったりして、広く世論に訴えるものがあったことである。

これに対して福岡県行橋市沓尾の岩礁海岸、明戸が浜が住民たちの粘り強い活動の結果、埋め立てを免れるという快挙があったことは未だあまり知られていない。

明戸が浜は、先述した織田が浜と同じく、目立った景勝地というわけではなく、特別な学術的価値のある希少生物が棲息するというものでもないと考えられていた。ところが、漁村から離れた漁場にいたる自動車道を通すためにこの浜を埋め立てるということが決定し、そのための予算もついたあと、市民の埋め立て反対運動は起こった。環境保護運動では、こういう事態を「取り返しのつかない手遅れ」という。

そのとき市民たちはどうしたか。まず、二〇〇六年二月五日行橋中央公民館で、「豊の国地域づくりシンポ　川と海の文化再発見！」と銘打たれたシンポジウムが開かれた。これを皮切りに、何度もフォーラム・勉強会が開かれ、同時に浜掃除の会、お潮井のウォークやキャンドルナイトなどのイベントが継続的に行われるようになる。

沓尾の海岸の浜は、豊下姫ゆかりの「姥《うば》が懐《ふところ》」と呼ばれる真水の湧く洞窟があり、今井祇園で知られる須佐神社の禊の浜であり、また九州修験の雄である英彦山が、年に一度、九里八丁（四十キロメートル）の道のりを降りてきて、潮を汲む「お潮井採り」の浜でもあった。

英語の先生だった「森友のおかあさん」とその長女「いずみ先生」（美術）を中心とした市民グループ「行橋の自然と文化を愛する海幸山幸ネット」は、「埋立てはんたーい」と叫ぶことはせず、地域空間をよく知り、その文化を継承することを目指すというスタンスで保護活動に取り組んだ。これらを地元で大きな信頼を寄せられている九州大学の河川工学の権威、島谷幸宏教授をはじめとし、環境哲学者の桑子敏雄教授、地元の山中英彦行橋歴史資料館長その他の専門家たちがサポートし続けた。すると、空間の持っている聖性、長い歴史の重みなどが徐々に住民たちの間に知られるところとなり、運動に共感する人が増えていったのである。

一年半後、二〇〇七年の夏、このグループは、平成十九年度まちづくり月間国土交通大臣表彰を受賞した。こうなると地域の空気は一変し、行政担当者の中にも理解者が現れて、漁村から漁場への道は、浜を埋立てて作られる自動車道を作る計画から、海に橋を架けるものに変わって（すでに予算がついていたにもかかわらず）、結局、浜は埋立てを免れた。

この明戸の浜姥が懐の保護運動のほかにも、九州では和白《わじろ》、三苫《みとま》など守られている浜が存在する。それらには共通する新しい環境保護運動の形態があることが分かってきた。成功的な浜を守る活動は、ゆるやかなネットワークのもと、継続的に①勉強会　②掃除会　③祭（イベント）の三点セットを繰り返してきたのである。①によって「空間の履歴」（Ⓒ桑子敏雄）を知り、②によって空間をきれいに保ち、③という楽しい集いで次の活動へ繋いで行くというやりかたである。③の集いを①の知識が支えていることがこの運動の強みであると言える。

## (三)　潮井採りネットワーク―水を汲んで松を立てる

上記の姥が懐保護運動の勉強会に呼ばれて行ったときに気がついたことがある。それは、北部九州東岸地域に、九州修験[2]の重要な山と海のネットワークが存在していることであった。

周防灘には、上述した明戸が浜の他にも、英彦山六峰の潮井採りの浜が点々と残されている（図１）。山の神人（かつては神仏習合の寺であった）がその浜で竹筒に汲んだ聖なる水―お潮井によってお清めがなされたあと、柱松を立てる儀礼（松会[3]）があり、ついで御田植え祭が行われてきた。たとえば、檜原山の松会は旧三月十四日に行われる。それに先立つ潮汲み（塩会）は三月六日。七日から七日間御手洗池に花柴を立て潮垢離をとる。それが終わると、小竹四筒に分けた潮を上宮に供える。これらはかつて英彦山六峰で行われた春行事・修二会の一環であった。

図１で注目すべきは、山から潮井採りの浜へ降りる道が交わらないことである。つまり、この道筋には信徒の住む村があって、そこ

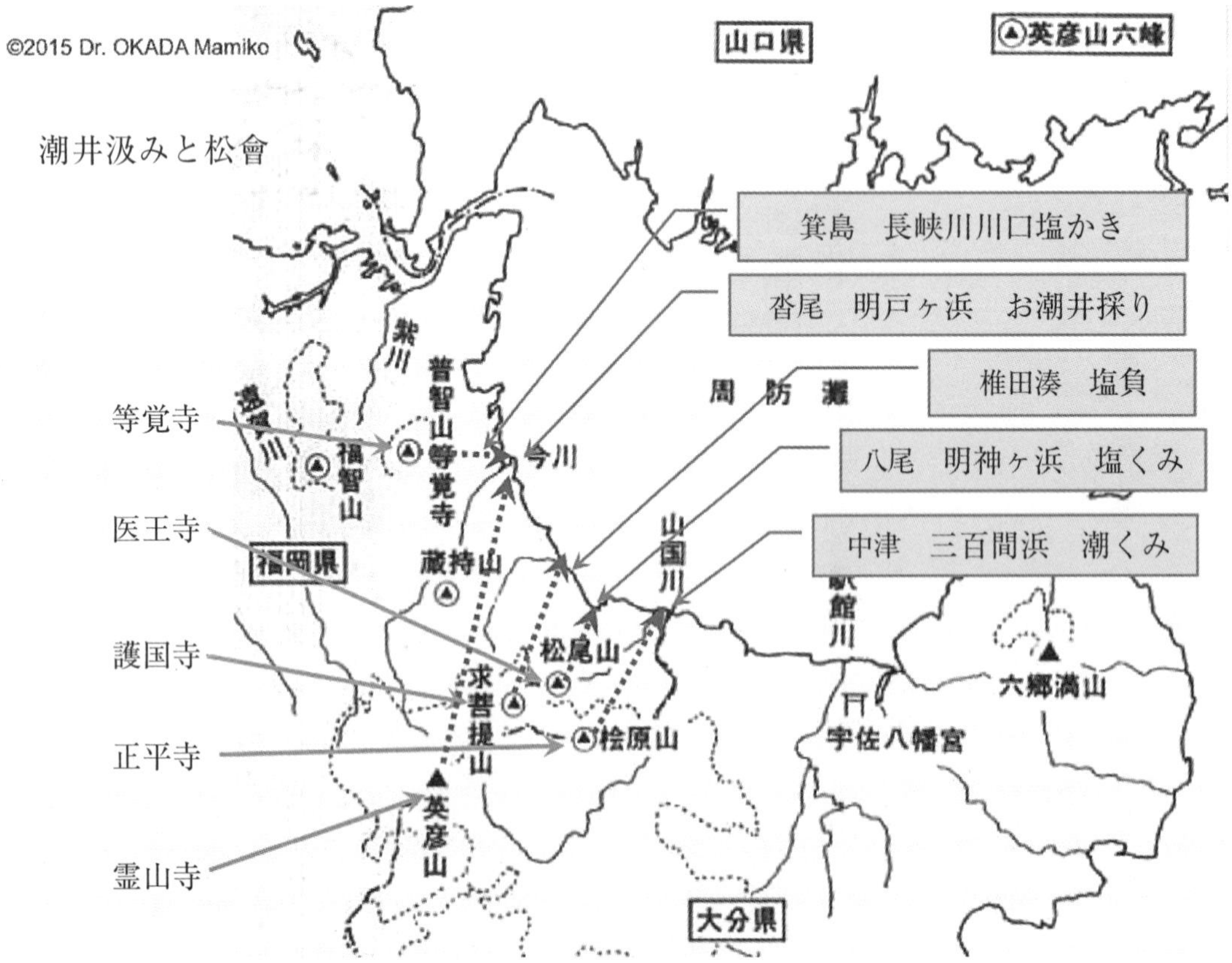


図１　英彦山六峰の塩会

で接待を受けながら山の聖職者たちは海に向かう。上述の明戸の浜の潮井採りについていえば、英彦山から流れ出て田畑を潤している今川、祓《はらい》川添いの村々を、ほら貝の音を響かせつつお潮井採りの一行が通るとき、日頃お山のご恩を受けている村々は「汐井《しおい》祭」と称して、接待座を設けてお潮井採りの一行をもてなしてきた。お潮井採りの一行は、浜で潮井採りをしたあとは、海藻や貝を調達して、それを沿道の信徒たちに贈りながら山へ帰る。そのような六峰の潮井採りの道が交わらないということは、それぞれの聖山の信徒たちの居住地が混在しないように住み分けているということである。

さらに地域ネットワークという視点から見れば、この塩会の行事によって、寺社と信徒のネットワークの更新、山（山岳修験の寺および神社とその信徒）と海のネットワークの更新がなされてきたと考えられるのである。

## ㈣「森は海の恋人」運動

山と海のネットワークということで思い出されるのは、畠山重篤らの「森は海の恋人」運動である。

岩手県に日本武尊が鬼退治をしたという伝承から鬼首山と呼ばれた山があった。養老二年（七一八）紀州牟婁《むろ》から熊野神を招いたことから牟婁山と呼ばれるようになり、後に室根《むろね》山と改められた。この山を源流とする大川に新月ダム建設の話が持ち上がったとき、ダムによる環境への影響、特に海に与える影響への配慮が不十分であることを指摘し、ダム建設計画の中止を訴えたのは、大川が注ぎ込む隣県宮城の気仙沼に住む漁民たちであった。

畠山は、この運動の中心となった牡蠣漁師である。彼は、「森から海まで自然は全部つながっている」、そしてそのことを祭りが教えてきた、と言う。彼のいう祭りとは、室根山の八合目あたりにある室根神社で四年に一度行われる「室根神社大祭」（国の重要無形民俗文化財）のことである。

山の大祭を執り行う神役のなかに、唯一つ海の民によるものがあり、それは「御塩献納役」と呼ばれる。県境を越えた宮城県の唐桑町舞根《もうね》地区の漁民が代々これを務めてきた。室根山に鎮座する神が、そのむかし紀州牟婁から到着した時、舞根の漁師が、塩を献納したのだという伝説があり、それを今も祭りで再現しているわけである。畠山もそんな漁民のひとりであった。

祭の日の早朝、「御塩献納役」を乗せた小船が舞根湾を出発し、室根山の全容を目にすることのできる沖合までくると、海面から海水を汲み取って竹筒に納める。海水は、神役によって室根神社に運ばれて神に捧げられる。この海水でご神体を拭き清めないことには、神輿は神社を出発できない。この《お塩汲み》も、一二〇〇年以上続けられているという。

新月ダム建設計画をどうやって食い止めようかと畠山が思案をめぐらせていたとき思い出されたのがこの室根山のお祭りに舞根の漁師が関わってきたことだった。

「昔の人は森と海とのつながりを教えていたのではないかとわたしははっとさせられました。そうだ、室根山に広葉樹の森を作ろう。森づくりにみんなに参加してもらって、森と川と海のかかわりを考えてもらおう。[4]」

祭りのときと同じように《お塩汲み》をおこない、この潮と牡蠣を室根山の神様にお供えしたあと、何百枚もの大漁旗の翻して植林は始まった。

この運動は多くの人の共感を生み、努力の甲斐あって山には《緑のダム》が用意され、川に建設されようとされていた新月ダムの計画は中止された。その後、海を守るための植樹運動は全国に広がっている。

沿岸の漁場にとって広葉樹林を持つ山はきわめて重要な意味をもっている。山の落ち葉から作り出されるフルボ酸と鉄が川によって運ばれ、魚が寄り付く海中林を豊かにする栄養となるからである。このことを漁師たちは昔から経験的に知っており、山をあがめ、漁場の上の山林を「魚付《うおつ》き林《りん》」と呼んで保護してきた。このような山と川と海の間にある「縁」を人々に知らせてきたのが山の祭りであり、一二〇〇年以上絶えることなく続けられてきた潮汲みの祭事であったと畠山らは気付いたのだった。この祭りもまた、大変重要な宗教的文化遺産である。

## 三　若狭と奈良

一二〇〇年以上継承されている宗教的文化遺産と言えば、真っ先に思い出されるのは東大寺二月堂の修二会である。不退の行と呼ばれるこの行事においても、信仰に支えられた関係性（ネットワーク）形成・保持が仏教文化遺産の継承を可能にしてきたことが看取されるからである。以下、この修二会の信仰ネットワークが生まれた時代の背景を環境宗教学的に分析したのち、海と山を結ぶ宗教ネットワークについて考察する。

### (一)　東大寺大仏建立の頃の環境

聖武天皇の生きた八世紀はどんな時代だったのであろうか。中国は唐の隆盛期と言われるが、七五五年安史の乱が起こって弱体化が進行した。また黄河以西は吐蕃王国の支配するところとなり、「草原地帯に無数の好戦的な騎馬遊牧民が出現した」[5]という。

ヨーロッパでは、優秀なイスラム騎馬軍がピレネー山脈を越えてフランク王国に侵攻し、世界史上有名なトゥール・ポアティエ間の戦いが起こった。その後フランク王国は王朝が交代し、新しい政治体制である封建制度に移行した。

イスラム世界では、ウマイヤ朝が倒れアッバース革命と呼ばれる変革が訪れている。

この八世紀、日本では三十年が干魃、十年が霖雨を記録している[6]。梅雨前線が、より北まで達して、太平洋高気圧に覆われることが多かったのではないかという説がある[7]。

二〇一三年、田中禎昭によって古代戸籍の人口変動シミュレーションに関する詳細な研究が発表された[8]。それによると八世紀の最初の約二十年間は、古墳寒冷期最後の寒冷化した時代で、旱魃が多い一方でまた霖雨の年もあり、気候変動の激しい期間であった。田中は、八世紀初めのこの気候悪化が人口変動に及ぼした影響の分析を行った結果、寒冷化時代の災害・飢饉・疫病の結果として、最も抵抗力の弱い乳幼児の死亡率が高まったことを明らかにした。

この苛酷な最初の二十年が過ぎたあと、日本は温暖化する。聖武天皇の即位はそのような時代であった（神亀元年＝七二四）。しかし、温暖化はしても、災厄がやんだわけではなかった。天平四年

（七三二）の夏は干魃に悩まされ、秋は凶作となった。その結果、明くる天平五年（七三三）には飢饉が起こり、疫病も発生する。[9]追い打ちをかけるように、天平六年（七三四）四月七日、大地震が起こった。世に言う畿内七道地震である。

「地大震、壊天下百姓廬舎。圧死者多。山崩川擁、地往々坼裂、不可勝数」（『續日本紀』四月戊戌条）

という有様で、この被害の大きさを深く憂慮した聖武天皇は、七月十二日「頃者、天頻りに異を見し、地数震動る。良に朕が訓導の明らかならざるに由りて、民多く罪に入れり。責めは予一人に在り。」という詔を出された。責めは予にありという聖武天皇の自覚は後述するごとく、その翌年天平七年の詔にも顕れている。同じ天平七年（七三五）には、天然痘が九州に上陸した。地震よりも更に恐ろしい疫病の始まりであった。[10]

天平七年（七三五）九州に上陸して太宰府管内一帯に広まった「疫疱」は、翌天平八年（七三六）には終息に向かったやに見えたが、翌々年の天平九年（七三七）再び大流行し、この度はついに平城京に侵入した。[11]よく知られているように、当時朝廷の政治を担っていた藤原四子―武智麻呂・房前・宇合・麻呂は相次いで「豌豆瘡」[12]に罹って落命した。

全国に「金光明四天王護国之寺」「法華滅罪之寺」を建てよという「國分寺建立の詔」が出されたのはその四年後のことであり（天平十三年（七四一）二月）、さらにその二年後、天平十五年（七四三）冬十月辛巳、「大佛建立の詔」が出され、天平十九年（七四七）九月には総国分寺となった東大寺で大仏鋳造が始まった。

## （二）聖武天皇の咎徴意識

上記のような苛烈な環境のなかで国分寺建立、大仏造立という国家的仏教プロジェクトは始まった。民が飢え、病み、国の存亡も危ういときに財政を傾けるような大土木工事をしたと非難する者もいる。しかし、そのような批判は、当時の政治の全体を見てなされているものではない。聖武天皇は、天平四年夏の大干魃の後、雨乞い祈禱を行い、続いて起こるであろう飢饉に備えて、律令に基づき課役免除や賑給など社会的弱者に対する救済策を打ち出して詔として発表し、これを全国規模で実施し、実際に救済措置を講じていたことが、正倉院に残された資料などから窺えるからである。[13]すなわち、実質的な大災害時の危機対応―災害の予防、状況把握、損失評価、対策案出、行動計画策定と実行など―は、迅速に行われていた。

さらに重要なことは、大地震の起こった天平六年（七三四）、施政方針の基軸転換があったことである。森本公誠によれば、政策の基軸は、それまでの「経史」（五経三史、中国の儒教や歴史書）から「釋教」（釋尊の教え＝仏教）に移された。[14]未曾有の災厄は従来型の施策では対応しきれない。そのため新しい施政方針が打ち出されることは当然とも言える。

そもそも日本に仏教が公伝されたと言われる六世紀半ばも、大気候変動の動乱期であったことが分かってきた。近年の研究では、西暦五三五年、インドネシアのスンダ海峡で巨大火山噴火があって、地球規模の環境異変が起こったという説が有力である。[15]民衆レベルの宗教導入ではなく、国家レベルの宗教伝来の背景には、当然大きな社会変動があったと考えるべきである。仏教は、このような食うか食われるかという苛酷な状況の中で人々の心を支え、多くのいきものが生き延びるための行動指針となる力を持ったからこそ、こうして広宣流布してきたのである。

「豌豆瘡」が猛威を振るった天平九年（七三七）の十月二十六日、仏教国家という新しい国家指針に基づき、大極殿において「金光明最勝王經講説」が行われた（講金光明最勝王經于大極殿。朝廷之儀『續日本紀』）。

『金光明最勝王經』の巻第九　除病品第二十四（『金光明経』巻第三　除病品第十五）には、「醫明（＝医学）」に通じた「持水長者」の息子である「流水長者」が、父から病理と薬の知識を授けられて、「疫疾」に苦しむ多くの衆生を救ったことが記されている（大正藏十六巻。四四七b二一・四四八c二一）。そして、この経に記される医学的知識と災厄・疫病退散の力を信じて行われた大極殿での国家的仏事のあと、幸いにして「豌豆瘡」（天平九年六月二十六日太政官府では「赤斑瘡」と呼ばれている）の猛威は急速に沈静化したのであった[16]。この出来事によって聖武天皇が新しい施政方針基盤の正しさを自覚し、『金光明最勝王經』への信頼感を深めたことは疑いない。

したがって、干魃（天平四年）、飢饉（天平五年）、大地震（天平六年）疫病（天平七年）と打ち続いた災厄のあとの国分寺建立、大仏造立は、聖武天皇の思いつきの神頼みなどではなく、仏教国家を標榜した我が国が、国民の今生と次生にわたる平安と幸福を求めて企画した国家プロジェクトであったと言ってよい[17]。しかも、大仏造立は、詔の中にあるごとく「知識」（結）という「発願による自発的結縁ネットワーク」をもって実行される国民的大事業でもあった。

聖武天皇がこれらの政策を、強い「咎徴」（君主の悪行によって起こる自然災害）の意識をもって打ち出して行ったことは一連の記録が示すところである。天平六年の地震についての詔には、政治に落ち度があったから（「地震之災、恐由政事有闕」『續日本紀』天平六年四月戊申十七日）とあり、同月二十一日の詔にも、この頃の天変地異は自分の徳化に欠陥があったから（「比日、天地之災、有異於常。思、朕撫育之化。於汝百姓有所闕失歟。」）とある。

これには先例がある。かつて崇神天皇は、疫病（崇神五年）、百姓流離（同六年）のあと、七年の条に、自分より前の天皇たちの時代には自然災害がなかったのになぜ自分の代になって起こったのか、と嘆き、「朝に善政無くして、咎を神祇に取らんむや」と責任を感じて（七年春二月丁丑朔辛卯　詔曰　昔我皇祖　大啓鴻基　其後　聖業逾高　王風轉盛　不意　今當朕世　數有災害　恐朝無善政　取咎於神祇耶）、神祀りの仕方を改めた結果、ようやく災害を収拾できたという記録である[18]。

自然災害は失政によって起こるとする思想としては、「天人相関説」、「災異思想」、「時令思想」などが中国にあり、またインドにおいても旱魃になると王に責任があるとされることが仏典に記されている[19]。しかし、それらと比較して、聖武天皇の咎徴意識は格段に鋭い。先にも触れたように、天平六年七月十二日の詔に至っては聖武天皇は、天変地異、数々の地震は朕の訓導の不明によるもので、そのために多くの民に罪を犯させることになったが、責めは（我）一人にあり、民には関わり合いのないことである（『續日本紀』天頻見異。地數震動。良由朕訓導不明。民多入罪。責在一人。非関兆庶。）とした。また天平七年（七三五）五月戊寅二十三日の勅にも、

「責め予に在り。」（朕以寡徳、臨馭万姓。自暗治機、未克寧済。廼者、災異頻興。咎徴仍見。戦戦兢兢。責在予矣。（『續日本紀』五月）という言葉が見られる。自然災害もそれによって起こった国民の窮乏も、すべてそっくり責任は自分にのみあるとしたのである。

これらの厳しい懺悔の言葉は、次に滅罪のための行いがあったことを予想させる。しかるに、聖武天皇は繰り返し大赦を与えていたが、その功なく災いは止まなかった。そのため、「豌豆瘡（天然痘）」が多くの民の命を奪い、朝廷の中枢の機能も麻痺させることになった経験に基づき、深い懺悔滅罪の念と民の安寧を希求する心から打ち出された政策こそが、金光明経の教えによる護国のセンターたる「金光明四天王護国之寺」建立と法華經による懺法のセンターたる「法華滅罪之寺」を全国に建てることと、国民の力を合わせて大仏を造立することであった。

### ㈢　十一面悔過と大仏建立

天平勝宝四年四月九日（七五二年五月三十日）の大仏開眼供養會に先立つこと二箇月、良辨の高弟實忠和尚は十一面悔過の儀を虔修した。[20]「悔過」は罪過を悔い改めることで、もとは「懺悔」と同じ意味であった。たとえば、『十住律』では懺悔すべき罪を「悔過罪」といい、懺悔すべききまり、儀式を「悔過法」という。これに対して、奈良時代「悔過」というのは、仏前に懺悔して、罪報を免れる特殊な〝儀式〟の名称となった。罪障を懺悔し、その応報を免れ、禍や災難を除くことを本尊に祈願する〝儀式〟である。[21]

十一面観音に何を懺悔し、悔過を厳修したのか。それは上述の八世紀の自然環境と聖武天皇の懺悔滅罪心を理解すれば容易に理解できる。総国分寺である東大寺の二月堂で、十一面観音に向かって深い懺悔の心が示され、除災と安寧が祈られたということは、国家の鎮護を目的としていたわけである。實忠の始めた十一面悔過は先述した聖武天皇の心情を反映したものであったと考えてよいだろう。

懺悔悔過をし国家鎮護を祈るため国分寺を置いたことに関しては、上記㈡の終わりで述べたが、今ひとつ、なぜ聖武天皇は大仏を造立しようとしたのだろうか。法身仏の具現化を企てるという教理的な理由の他に、ここでは、巨大な金銅仏像造立の理由について考察してみたい。

まず国内初の巨大金属鋳造のもたらすメリットに、冶金術、先端金属工学技術修得ということがある。しかしこれは、それを目指して大仏が造立されたというよりは、付随的に生じたメリットである。

次に、為政者の威信を示して、国が乱れることを防ごうとしたという見方もある。これに反論するものとして、かつて、環境悪化の時代に行われた巨大土木工事である周濠付き前方後円墳をとりあげて、これが威信財として造られたのではなく、古墳寒冷期の農業灌漑施設として建設された可能性が高いことを検証した研究[22]が参考になろう。

大仏についても、自らの力を示すために建立したというのは論外である。大仏建立の詔（『續日本紀』巻第十五　天平十五年（七四七）十月十五日条）に明らかであるように、大仏は国家の威信をかけて作られたというよりは、国家の安寧と国民の平安を願って建立されたものである。威信を示したいのであれば、聖武天皇は「一建《いっこん》立《りゅう》」（一人で建立）するはずだからである。しかし天皇はそうはせず、かえってこう述べた。

廣及法界、爲朕知識。遂使同蒙利益共致菩提。夫有天下之富者朕也。有天下之勢者朕也。以此富勢造此尊像。事也易成、心也難至。（この大事業のことを広く世界に呼びかけ、その趣旨に賛同するものをして我が友（智識）となし、最後にはみなともに仏の利益を受け、迷いのないさとりの境地に到達できるようにさせたい。そもそも天下の富と勢いを所持しているのは朕である。その富勢いをもって尊像を造ろうとすれば、形はたやすくできるであろう。しかし、それでは造像の真意が成就されたとは言い難い）(23)」

この「智識」は単に、仏教で言う「善智識」（＝法友）というだけではない。それは次の言葉から分かる。

「預知識者…自当存念各造盧舍那仏也（智識として造立に参加するものは、この趣旨をみずからすすんで納得し、各自その心意気で盧舍那仏の造立に当たるように）」

ここで、「自ら」自発的にこの事業に参加するように、という呼びかけは、「智識結」というべき、自発的結縁ネットワークへの誘いであることを明確に示している。

さらに、詔には、法華經方便品の「小善成仏(24)」を思わせる言葉が続く。

「如更有人、情願　持一枝草　一把土　助造像者。恣聴之。（もし一枝の草、一把の土という、わずかなものであっても、すすんで造像事業に参加しようとするものがあればみな許そう。）」

かくして、聖武天皇は、自らの権力と富にものを言わせて威信をかけて大仏を造立することを画策したのではなく、国民皆に呼びかけて、こぞってこの国家鎮護の懺悔行をやり遂げようとしたことは明らかなのである。

ではその仏がかくも巨大でなければならなかったのはなぜであろうか。

これを考える上でヒントになるのが、上記（二）（三）で触れた松会である。松会とは、柱松と呼ばれる大木を立てる祭りである。たとえば英彦山六峰のひとつである等覚寺の松会は、三十三尺（約十メートル）の松を祭場に立てる。次第を略述すると次のごとくである。

等覚寺松会は、簑島の浜に降りて汐汲みをする塩会についで行われる。巨大な柱松を立て、田打ちなどの農の「ことわざ」を行い、長刀舞などの刀行事をする。そしてこの祭松のてっぺんに「施主」が登り、太刀で大幣のついた青竹を両断する。これを「幣切り」といい、ここで祭りは最高潮に達する。

この「幣きり」は、京都祇園祭の長刀鉾の「注連縄切り」を思わせる。高い鉾頭に長刀の刃の飾りを付けた長刀鉾は、「籤取らず」と呼ばれる通り巡行順を決める籤を引かない。常に先頭を行くことになっているからである。長刀鉾が鉾町を出て四条通を東へ引かれ、麸屋町通にさしかかったところで、二本の斎い竹に渡された注連縄に行く手を遮られる。これを、長刀鉾の先頭にいるお稚児さんが太刀で両断するのが「注連縄切り」である。この注連縄は、その先が祇園さん（八坂神社）の結界であることを示していて、それを切って進むということは、巡行の列が祇園さんの聖域に入ることを意味する。長刀鉾はそのように結界破りをする鉾であるがゆえに象徴的に鉾頭に長刀を付けているとも考えられる。これと同様に、塩会では、長刀舞に続いて弊切りを行って、祭り場が聖なる空間＝神庭になったことを示していると解せる。

「弊切り」はまた、祭りの見せ場であるために、祇園祭の花形がお稚児さんであるのと同様、松会の花形は、弊切りを行う「施主」である。しかし、真の主役は、鉾を立て、引き回す鉾町の人々であり、柱松を立て神庭を現出する等覚寺地区の住民であることを心に留めておく必要がある。

さらに、空間的・時間的に眼を転じると、このような柱立ては国内外の別の場所でも、また古代にも行われていたことがわかる。まず、「柱松」は戸隠にもあるし、近年、姫路の広峰神社でも復活した。（ただし、これらの「松」はあまりに小振りで、ここで問題にしているテーマとは少し趣を異にしている。）有名な諏訪大社の「御柱祭」も山から柱松（巨大なモミの木）を切り出して奉曳し、祭場に立てる。信州や東北にはその他にも柱松を立てるところは少なくない。

外国では、森の民俗であるゲルマン人にその習慣がある。五月一日（ドイツでは五月は一斉に花が咲き初める春の幕開けである）、Maibaum（五月の木）を立てる。[25] 大きな木を切り出して来て大勢で立てる様子は、松会の「柱起し」、諏訪大社御柱祭の「建御柱」に似ている。

また、朝鮮半島にも大木を立てる「祭天」という祭りがある。古くは『三國志』魏書第三十烏丸鮮卑東夷傳（西晉　陳壽撰）の馬韓の項に「國邑各立一人主祭天神、名之天君。又諸國各有別邑、名之爲蘇塗。立大木、縣鈴鼓、事鬼神」という記述があり、その大木は「蘇塗」というとある。

諏訪の御柱祭のごとく、しばしば死者や怪我人が出る危険な巨木立てを、洋の東西を問わず、昔から今に至るまで行うのはなぜなのだろうか。

これらの巨木立てに共通したことがある。それは共同作業の妙である。

・まず巨大なものを立てることは一人ではできず、
・大勢の人たちの力を合わせる必要がある。

しかも、人の心がバラバラでは事故が起こり大変危険であるから

・大勢の人たちの心が一つにして行わなければならない
・大勢の息が合いこころが通い合ったとき、神が降り神の庭になる、仏に会える

こう考えると、このような共同作業は、合意形成の極意であるともいえる。つまり、人心を一にし、国家の難局を乗り越えるためには、一大難事業を共にやり遂げることが有効なのである。この協働事業に自ら発心して参加した多くの人々は、菩薩の心を解し、偉大な仏にまみえることができたのであろう。

## (四)　お水送りとお水取り——遠敷明神

東大寺二月堂修二会で三月十二日後夜、閼伽井屋（若狭井）から御香水を汲む「お水取り」ののち、「達陀」に入るのは、(二)(三)で先述した潮汲みの祭事「お潮井採り」のあと松會に進むのと通じるものがある。参拝者からすれば、修二会のクライマックスは「おたいまつ」であるのに、修二会全体が「お水取り」と世間の人々に呼びならわされているのは、まさに、聖水を汲むということの重要性を表しているようである。

「お水取り」に先立って、三月二日若狭で行われる「お水送り」

は、下根来《しもねごり》区八幡神社長床での「山八講行事」（主役は赤土。一般には「山八神事」と呼ばれる）から始まる。その後、別当職の神宮寺（元神願寺。天台宗）本堂で修二会が営まれ、夜には神宮寺本堂の回廊から赤装束の僧が大松明を振りかざして「達陀」の行が行われる。そのあと松明行列は遠敷川を二キロメートル遡った鵜の瀬に進む。そこで、別当職の神宮寺住職の手で、神宮寺の閼伽井戸から汲まれて竹筒に入れられた御香水―つまり、お水送りをする神宮寺でも「お水取り」が行われているのである―が注ぎ込まれる。伝承では、この水が十日かかって届き、二月堂の閼伽井屋（若狭井）から涌くということになっている。

「お水送り」はこのように、天台宗の神宮寺と下根来八幡宮の寺僧・神人、地区住民が協働して行う。この神仏協働ネットワークが、明治の神仏分離を乗り越えて今に伝えられているのは貴重である。

若狭の神宮寺と東大寺は地理的に遠く、また宗派も違う。なぜ両者は結びつけられたのであろうか。

まず二月堂十一面悔過の創始者、實忠は、天竺の人ともいわれ[26]、若狭から奈良に来たという説がある。その師匠の良弁もまた、若狭下根来白石長者（秦常満とも）の子で、白石神社の近くの神宮寺開祖、和朝臣赤麿が連れて大和の義淵に弟子入りさせたとの伝承もあることから、両者とも若狭に縁があると考えられている。

それより有名なのは、實忠の初回十一面悔過の神名帳読上げの際に遅参した遠敷明神が、その詫びに、若狭の鵜の瀬からお香水を送ることになったという伝承であろう。これは『東大寺要録』に残されている[27]。

ここで参照すべきものに、和歌山県日高川町江川（旧丹生村）に伝わるもう一つの神様の遅刻譚[28]がある。この神様は寝坊して出雲での神々の集会に遅刻してしまったとされる。神の名は丹生都比売。水銀の女神である。若狭の遠敷（おにふ→おにゅう）は小丹生（おにう→おにゅう）であったともいわれる。遠敷明神はこの丹生都比売と同じ神であると考えて不都合はない。

大仏造立の最後の仕上げである鍍金（金メッキ）には水銀が欠かせない[29]。そして実際に若狭のこの辺りは水銀の産出地であった。現在のお水送り行事にもその名残がある、下根来神社で行われる山八講行事は赤土を使い、神宮寺の達陀の僧は赤装束である。

お水送り・お水取り行事は、若狭の水銀が、古代の「塩の道（鯖街道とも呼ばれた）」を通って奈良に運ばれ、大仏を荘厳した記憶であるとも考えられよう。「お水送り」と「お水取り」は、先に述べた「お潮井採り」、「お塩献納」と同じ、海と山を結ぶ文化である。若狭小浜は、「海のある奈良」と呼ばれるほど奈良の文化の影響を強く受けている土地柄である。わたくしの生まれ故郷の京都には若狭のお香水は少し塩辛く、京都の出町柳のあたりで真水になって奈良に届くという伝承もあった。このような海の国と山の国のネットワークが東大寺修二会によって一二六二年間更新し続けられているというのは、世界に類のない、生きた仏教文化遺産の継承であると言える。

## 四　おわりに

### ―華厳経の伝えるネットワークイメージ

この論考では、海と山のネットワークを取り上げたが、東大寺がなかったらとっくの昔に失われていた自然や文化は、修二会（「お水取り」）の他にもある。それらを検証し、それぞれの意味を問うていくことは、東大寺のみならず、奈良、日本の仏教遺産継承のために大層意味のあることである。

東大寺華厳学研究所の中西俊英研究員は、「具体的なモノの存続には周辺の環境との関係がひじょうに重要でありますが、特に東大寺には「融三世間十身仏」という「人（衆生世間）・環境（器世間）・仏法（智正覚世間）」を一体とする思想があり、思想面でも、環境との関わり方を抜きにして、このテーマを語ることはできません」と語っていた(30)。たしかに文化遺産の継承にしても、環境の保護にしても、何かの存続を守って行くためには、存在同士が繋がって照らし合うことが不可欠である。どんなに優れた強いものも、自分ひとりだけで行きて行くことはできない。

そのように存在がつながり合っている様は、ちょうど『華厳経』やその注釈書『大方廣佛華嚴經隨疏演義鈔』などに書かれている「重重無盡」のIndrajāla帝網(31)の世界である。帝網（インドラネット）は帝釈天（インドラ）の宮殿を飾っている宝網で、金糸銀糸の各々の結び目ごとに美しい宝石が結ばれ、その宝石同士が鏡のようにお互いを照らしあっている。その宝網はただの飾りではなく、煩悩の悪魔を絡め取ることができる、帝釈天の武器でもある。つまり、環境宗教学の視点からみれば、そのようなネットワークがあってこそ、脈々と繋がる命を守ることが出来るということを教えていると読み解けるのである。

東大寺という大宝玉をめぐるネットワークがこれからも更新され増強され、その伝統文化遺産が常に新しい命を吹き込まれて継承されていくことを望んで論考を終わる。

（文中敬称略）

（おかだ まみこ・兵庫県立大学名誉教授・中村元記念館東洋思想文化研究所）

**註**

（1）入浜権運動については髙﨑裕士の次のＨＰに詳細な記録がある。http://homepage3.nifty.com/eternal-life/irihamakenundou.htm

（2）九州修験については中野幡能編『英彦山と九州の修験道』（山岳宗教史研究叢書一三）名著出版（一九七七年）がくわしい。

（3）現在松会を残しているのは等覚寺地区（寺自体は残っていない）と檜原マツの二つである。中野幡能「求菩提山修験道の起源とその展開」『山岳宗教史研究史叢書一三』（一四〇頁）。等覚寺松会に関しては、中村琢『松会を行うことと語ること―ある重要無形民俗文化財をめぐる言説と実践―』（福岡大学人文科学研究科に提出された修士学位請求論文）（二〇一〇年）に詳しい。なおその成果はのちに整理されて次の論文となっている：中村琢「「伝統」をつなぐこと―等覚寺の松会の伝承についての一考察―」『宗教研究』八六‐三［通三七四］（二〇一二年）（七三―九七頁）

（4）畠山重篤『漁師さんの森づくり』講談社（二〇〇〇年）

（5）黄　仁宇『中国マクロヒストリー』東方書店（一九九四年）（一三二頁）

（6）荒川秀俊他編『気象シリーズ五　日本旱魃林雨史料』気象研究所（一九六三年）（二―八頁）をカウントした。

（7）鈴木秀夫『気候変化と人間　一万年の歴史』原書房（二〇〇四年）（初版は二〇〇〇年）（二〇九頁）

（8）田中禎昭「古代戸籍にみる人口変動と災害・飢饉・疫病―八世紀初頭のクライシス―」『環境の日本史二、暮らしと祈り』、吉川弘文館（二〇一三年）、（一三〇―一五九頁）

（9）森本公誠『聖武天皇　責めはわれ一人にあり』（二〇一〇年）（一六七―一六八頁）

（10）七〇三年にも上野・信濃・相模・伊豆・駿河・参河・下総・上総で天然痘が流行したと言われている［吉野正敏（二〇一五年四月一日更新）

「連載エッセイ　異常気象時代のサバイバル第三二回　八世紀初めの気候―温暖化時代の短い気候悪化期」『Bio Weather service』(http://www.bioweather.net/column/essay5/sw32.htm〕)

なお、この天平七年を日本における最初の天然痘の流行であるように述べている記事がWeb上では目に付くが、天然痘の日本最初の記録は『日本書紀』敏達天皇十四年（五八五）三月丙戌にあるとも考えられる。物部守屋と蘇我馬子の間で廃佛・崇佛の争いがあって、守屋が仏殿に火を放ち仏像は難波堀江に捨てられ、そのあと任那のことが取沙汰されようとした時、急に敏達天皇は「瘡」に罹患されたとある。「天皇与大連卒患於瘡。（中略）発瘡死者充盈於国。其患瘡者言。身如被焼被打被摧。啼泣而死。老少窃相謂曰。是焼仏像之罪矣。」と記されていて、国中に「（疱）瘡」が流行ったことがわかる。

(11)　帰国した遣新羅使が天然痘を日本に持ち込んだとする向きがあるが、彼らが新羅に到着する前に天然痘で死亡したものがあったことから、逆に、日本が新羅に天然痘を持ち込んだ可能性を指摘する研究もある。栄原永遠男「遣新羅使と疫瘡」『日本古代の王権と社会』塙書房（二〇一〇年）。いずれにせよ、この頃インドから中国、朝鮮半島、日本を天然痘が席巻したということである。

(12)　「豌豆瘡」という呼称の初見は天平七年条で文書としては天平九年六月の典薬寮勘申が最初である（新川登亀男「日常生活の中の病と死」『環境の日本史二　古代の暮らしと祈り』吉川弘文館（二〇一三年）（一九七頁）

(13)　天平四年の干魃対応と弱者救済策に関しては、森本公誠の註(9)前掲書（一六二―一六九頁）に詳しい。

(14)　森本はその根拠として、天平六年に写経を始めたという奥書のある『観世音菩薩受記経』の巻尾に記された聖武天皇の願文中の次の言葉を上げている「民の生活を安定させ、民の生業を成り立たせるには、「そのような政治の指針は何かと模索するためであったが」それには経史よりも釈教が最も優れている。そこで仏法を頼みとし…」（森本現代語訳）註(9)前掲書（一八四―一八五頁）

(15)　デイヴィッド・キーズ『西暦五三五年の大噴火　人類滅亡の危機をどう切り抜けたか』文藝春秋（二〇〇〇年）(David KEYS, 1999, *Catastrophe*, London)（三七七―三七九頁）
石弘之『火山噴火・動物虐待・人口爆発　20万年の地球環境史』洋泉社（二〇一〇年）（一九三―一九四頁）

(16)　森本註(9)前掲書（一九七―一九八頁）

(17)　聖武天皇の大仏建立の直接のきっかけとして、天平十二年（七四〇）、河内の知識寺で毘盧舎那佛を見たことが上げられるが、森本はそれを遡ること九年前の天平三年（干魃の一年前）に聖武天皇が写了した『雑集』に含まれる「鏡中釋靈實集三十首」（大唐開元五年（七一七）作）に「盧舎那像讃一首幷序」があったことを指摘している（森本一五四―一五五頁）。そこでは法身（dharmakāya）仏としての毘盧舎那（Virocana）が衆生への慈悲の為に姿を現すことが記されている点が重要である。

(18)　坂本太郎他校注『岩波古典文學大系　日本書紀　上』岩波書店（一九六七年）（一三九頁）

(19)　例えばJataka No.526王は民衆から旱魃と飢饉の解決を求められ、戒を受けて斎戒を守る。

(20)　天平勝寶四年に十一面悔過が始められた事は、『東大寺要録』巻第七雑事章第十に納められている「東大寺權別當實忠廿九箇條事（弘仁六年）」の「一、奉仕十一面悔過事」中の記述から明らかである。二月堂で行われたのではないという黒田昇義らの主張もあったが、その根拠となっている『東大寺山堺四至図』中に二月堂の記入がないという事に関しては、山岸常人が周到に用意された論文で論駁した（「東大寺二月堂の創建と紫微中台十一面悔過所」『南都佛教』第四十五　東大寺　一九八〇）。にもかかわらず、今日もなお黒田の主張を繰り返す記述があるのは不可解である（たとえば堀池春峰「観音信仰と修二会」『東大寺お水取り―二月堂修二会の記録と研究』小学館（一九九六年）（一八五頁）

(21)　悔過に関するこれらの説明は、中村元「悔過の成立」『東大寺お水取り―二月堂修二会の記録と研究』小学館（一九九九年）（一七〇―一七二頁）による。

(22)　岡田真美子「現場が語る宗教的感性―古墳というフィールドで」『感性のフィールド―ユーザーサイエンスを超えて』東信堂（二〇一二年）（一五六―一七四頁）

(23)　以下（　）は森本訳。森本註(9)前掲書（二七二―二七三頁）

(24)　「乃至童子戯　聚沙爲佛塔…或以七寶成　鍮石赤白銅…嚴飾作佛像如是諸人等　皆已成佛…乃至童子戲　若草木及筆　或以指爪甲　而畫作佛像　如是諸人等　漸漸積功徳　具足大悲心　皆已成佛道」『妙法蓮華經』大正藏九巻八c二四―a七

(25) Maibaum（「五月の木」）を立てる様子は次のようなホームページで見られる。
http://oberbayern.bayern-online.de/uploads/pics/Maibaum-Bad-Reichenhall.jpg
http://www.katlenburger.de/katlenburger.cfm?fuseaction=2&displayaction=artikel_news&a_ID=104&one_ID=44&k_ID=139&two_ID=139

(26) 實忠を jud-cihr〝異邦人〟の音写と予想して、インドの事情に明るいイラン系人物であるという説もある。伊藤義教「二月堂の修二会」『ペルシア文化渡来考』岩波書店（一九八〇年）（一三八頁）

(27) 筒井英俊『東大寺要録』諸院章第四 二月堂、全國書房（一九四四年）（九二頁参照）

(28) 神仏が遅刻する物語は極稀である。この他に知られる遅参譚としては、『法華經』の最後を飾る普賢菩薩がある。普賢は一番送遅れて法華經説法の場に現れ、今後は法華經受持者を守護することを申し出た。両説話の関係は不明であるが、遅参した神仏がその埋め合わせに、以後、宗教的遺産ないしはその担い手に保護恩寵を与えるという説話モチーフの共通性が認められる。

(29) 東京都鍍金工業組合のホームページ「めっきの歴史・奈良の大仏と表面処理」に以下のような興味深い記事がある。

「大仏の鋳造は七四九年に完成し、その後に金メッキが行なわれ七五二年、孝謙天皇の天平勝宝四年に大仏開眼供養会が行なわれた、大仏の金メッキは、この開眼供養の後になされたが、アマルガムによる金メッキが行なわれはじめたときから、塗金の仕事をする人々にフシギな病気がはやりだした。この不思議な病気の原因は、まさに水銀中毒であった。

蒸発する水銀をすうことが中毒であると真相をつきとめた大仏師国中公麻呂は、東大寺の良弁僧上とともに今日の毒ガスマスクを工夫して、病気の発生を予防したとのことである。科学技術の進歩は公害が付きもので、これを克服していかなければ人類の進歩はない。

すでに八世紀における大仏建造で、水銀アマルガム鍍金の公害が発生したが、人類の恵知（ママ）はこれを克服している。」

出典を知りたくて組合に連絡したところ、丁寧にお調べ下さったが、内部資料である記念誌に載せられた記事の転載であって、その作者が現在では分からず、これ以上調べることはできないということであった。誠に残念である。
http://www.tmk.or.jp/history_06.html

(30) 二〇一四年六月二日付け手紙。

(31) 「重重交映若帝網之垂珠者。第七因陀羅網。境界門。如天帝殿珠網覆上。一明珠内萬像。倶現諸珠盡。然又互相現。影影復現。影重重無盡故。千光萬色雖重重交映。而歴歴區分。亦如兩鏡互照。重重涉入。傳曜相寫。遞出無窮」（澄觀『大方廣佛華嚴經隨疏演義鈔』大正藏三六巻一〇b二六—c二）

この表現は他にも「重重無盡帝網」（法藏『華嚴經探玄記』大正藏三六巻一二五a四）「交映重重無盡無盡即帝網」（澄觀『大方廣佛華嚴經疏』大正藏三六巻五二〇c一七）その他に出る。

# 草創期の蒔絵と南部漆器

小池富雄

## 序　我が国における漆の利用のはじまり

漆の樹液を塗料や接着剤として利用することは、古くからおこなわれてきた。日本では、一万年ないし一万年以上の長きにわたる期間とされる縄文時代から始まっていた。漆の樹木の肌に傷をつけて、そこから得られる微量な樹液を集めて接着剤として利用し、あるいは黒や赤の顔料を混入して、塗料として利用し、また文様や図像をあらわすのが漆の原始的な利用法であった。

現在のところでは北海道や青森などで遺跡が多数知られるに至り、九千年前には、漆の利用が確認されている。中国では新石器時代の六千年前の遺跡からの漆が知られており、今後さらに研究が進むと期待される。以前は、石や土器による研究が主体であったが、最近の研究・保存技術が進んだおかげで、考古学的な漆の研究は脚光を浴びている。現在では、漆の技術は日本が世界で最古であり、独自の技術で現代までリードしてきたとみる研究者もある。大陸側の研究は今後に発達する可能性があるので、米や絹、茶などと同様にDNAや科学分析の成果にも期待したい。

漆という樹木の植生は、アジアにおいて東は日本、西はブータンが限界で、①ベトナム②タイ・ビルマ・ミャンマーなどの南方産のゴム質の多い漆と、③日本・中国・朝鮮の漆とは、化学的な成分に違いがある。わずかの塗膜破片を高熱で気化して分子を分析するガスクロマトグラフィー分析により、分子構造の違いで三大別の産地の違いが今では確認できるようになった。また現在進展中の研究である、漆の育成した土壌による差異が漆塗膜に含まれるストロンチウムを微量計測する分析法が開発されつつあり、現在では判別不能の日本産、中国産、朝鮮産の漆の判別も今後可能となるのが予想される。これらの科学的な分析は非破壊分析ではないので、微量とはいえ高熱での熱分解でサンプルが消えてなくなる点に難点があり、貴重な文化財の分析や修復では適用するのに限界がある。酸やアルカリにも強い漆は、発掘品の器胎が土中で数千年を経て溶けて失われても塗膜は残存する場合もあり、極めて強靭な塗料でもある。

ところで漆の利用が縄文時代に装飾的造形の土器や漆器の製作により発展したのは、定住化して祭祀や技術伝承をする社会や言語がすでに日本にあったからという。さらに古い新石器時代において、研究者は編年の基軸として石器の種類や打ち掻いて作る道具がいかに発達したかを時間軸に発達をたどる。縄文時代は、火炎形や縄文など巧妙な造形があり、土器に赤や黒の漆彩色を施していた。土器ばかりでなく、植物繊維を編み、木製品を生み出して漆塗りしており、製作の諸道具を含めて、高度な技術である[1]。近頃の縄文時代の研究者は、文字こそなかったがすでに高い専門的技能があり、祭祀や技能は老人から若者へ継承されていたと考えているようだ。食物が不足することにより、老人や弱者を放置して、壮健な若者だけが食料を求めて移住し、短い平均年齢で人生を終えたのが新石器時代であったという。縄文時代になって定住化することにより、栗や漆を住居の周辺の里山に栽培し、知識も蓄積したのが縄文時代のおよそ一万年間の特質であり、この時代に日本人の独特な自然観が醸造されていたとみる縄文時代専攻の考古学者の國學院大學小林達雄名誉教授の見解がある。日本語が世界の言語と比較して特別に違う点は、「さらさら」「つるつる」「ぽとぽと」などの擬態語が多いという。風、水、土などの自然に接して生み出された縄文時代の日本人が生み出した言葉が基礎となり、後の時代になってから『万葉集』として長らく口承文学として伝わったのが奈良時代になって文字化されたのを想起させる。

　世界中には、最近まで文字を持たなかった民族が多数ある。現代では、アルファベットを代用して表記するようになった。歌や音楽も口承で伝えただけの情報を聞き取り、五線譜や今では、デジタル録音が可能である。日本人の思想や宗教観、価値観は、縄文時代に独自に育まれ、その後の弥生時代、古墳時代になってから、文字をはじめ大陸からの新しい文化や渡来人によってもたらされ知識が基礎の上に積層するという最近の考古学者の見方には、傾聴すべき点があろう。

　戦前の皇国史観からすれば、日本は世界に類がない独自の民族とする見方があった。戦後は一転して、日本語の言語を大陸の共通点に求め、「騎馬民族説」を代表とする大陸渡来人による大和政権は征服王朝とする真逆の史観に熱狂した時期があったが、いずれも現在では否定されて、科学的・合理的なデータを構築して新たな研究が進みつつある。

　漆の接着力を利用して金銀などの金属粉を蒔いて文様をあらわす蒔絵の技法は、平安時代以降に発達して、明治以降の近代日本ではわが国独自の技法と考えられてきた。大航海時代以降、海外からも蒔絵を日本の独自の漆工技術と捉えてきた。平安時代には後述するとおり優美な優れた品々が伝世しており、すでに前の時代である奈良時代にかなりの蒔絵としての技法・意匠がすでにあったに違いないと想像はされるも確証に乏しい状況であった。

## 一　奈良時代における蒔絵の草創

　昭和六十一年（一九八六）に奈良・平城宮跡から発掘されたちょうど鉛筆のような小さな断片は、奈良時代の蒔絵の存在をうかがう漆工史上の画期的な発見となった。遺物の概要は次のとおりである。（図1）

草花金銀蒔絵八角棒断片(長二〇・〇　径一・五センチメートル)
この八角棒状の断片は、現在に至っても、どのような器物の部分であったのか未明である。「奈良国立文化財研究所年報」(一九八七)金子裕之氏の報告をまず引用する。

ここに紹介する蒔絵の製品は、平城宮東大溝ＳＤ２７００４から一九八六年七月に出土した。器物の一部をなす八角の棒状品で、両端を折損し、直径一・五センチメートル、現存長二〇・〇センチメートル。黒漆地に、金銀粉《ふん》を蒔き、植物文様一種、花卉文を表す。金粉はやや角を整えた粉で、ほぼ純金である。金粉には少量の銀粉を、銀粉にはやはり少量の金粉が混じる。銀粉は銹化のためか漆面より盛り上がるので明らかではないが、金粉表面には炭による研ぎあしがあり、一部に研ぎ残りの漆膜が残る。花卉文は、一茎の両側に葉を二ないし三葉(先端は花か)出す絵柄であり、微妙な違いだが対生と互生を描き分けているようである。金蒔絵は一茎の花卉文を一単位とするが銀蒔絵は三茎を一単位とし、さらにこれらを上下に配している。正倉院宝物の中に、本例の花卉文と同じ文様は見つからないが、似た雰囲気のものは吹紙絵や檜金銀絵経筒の文様に一部ある。本例の樹種はヒノキ。木胎の表面に布着せはない。年代は出土層位からみて奈良時代の後半から末である。

図1　草花金銀蒔絵八角棒断片。
(註(5)『燦くうるし 蒔絵』図録から転載)

蒔絵に類する技法の存在は、従来は正倉院の金銀鈿装唐大刀いわゆる末金鏤の大刀の鞘が奈良時代の唯一の例であり、本格的な蒔絵は平安時代になってからと考えられてきた。しかしこの八角棒の蒔絵は、①金銀粉を明確に使い分けている、②鑢粉のままでなく粉を幾分調整している、③木炭による塗膜表面を長辺方向に研磨し、炭研ぎの跡が見える「研ぎ出し蒔絵」である。以上三点の理由から平安時代の研ぎ出し蒔絵と大差がなく、蒔絵の技術の草創期を考える上での新知見である。

次に挙げられるのが、正倉院の金銀鈿装唐大刀の鞘の施された黒漆塗りに金粉であらわされた装飾が「最古の蒔絵」伝世品として知られてきた。(総長九八・〇センチメートル　鞘長八〇・〇センチメートル　正倉院、北倉)。鞘の表側、裏側の表面に黒漆地に天馬様の走獣・含綬鳥・雲・花枝などが金粉で描かれており[2]、技法としては研ぎ出し蒔絵に等しい(図2)。日本製とするか、中国・唐製とするか結論にまだ決していないが、伝世する蒔絵遺品の最古例である。

正倉院北蔵の宝物は天平勝宝八年(七五六)に没した聖武天皇の遺遺愛の品々を光明皇后が東大寺に献納したのが中心となっている。その献納品の目録である「東大寺献物帳」には次のとおりの記載がある。

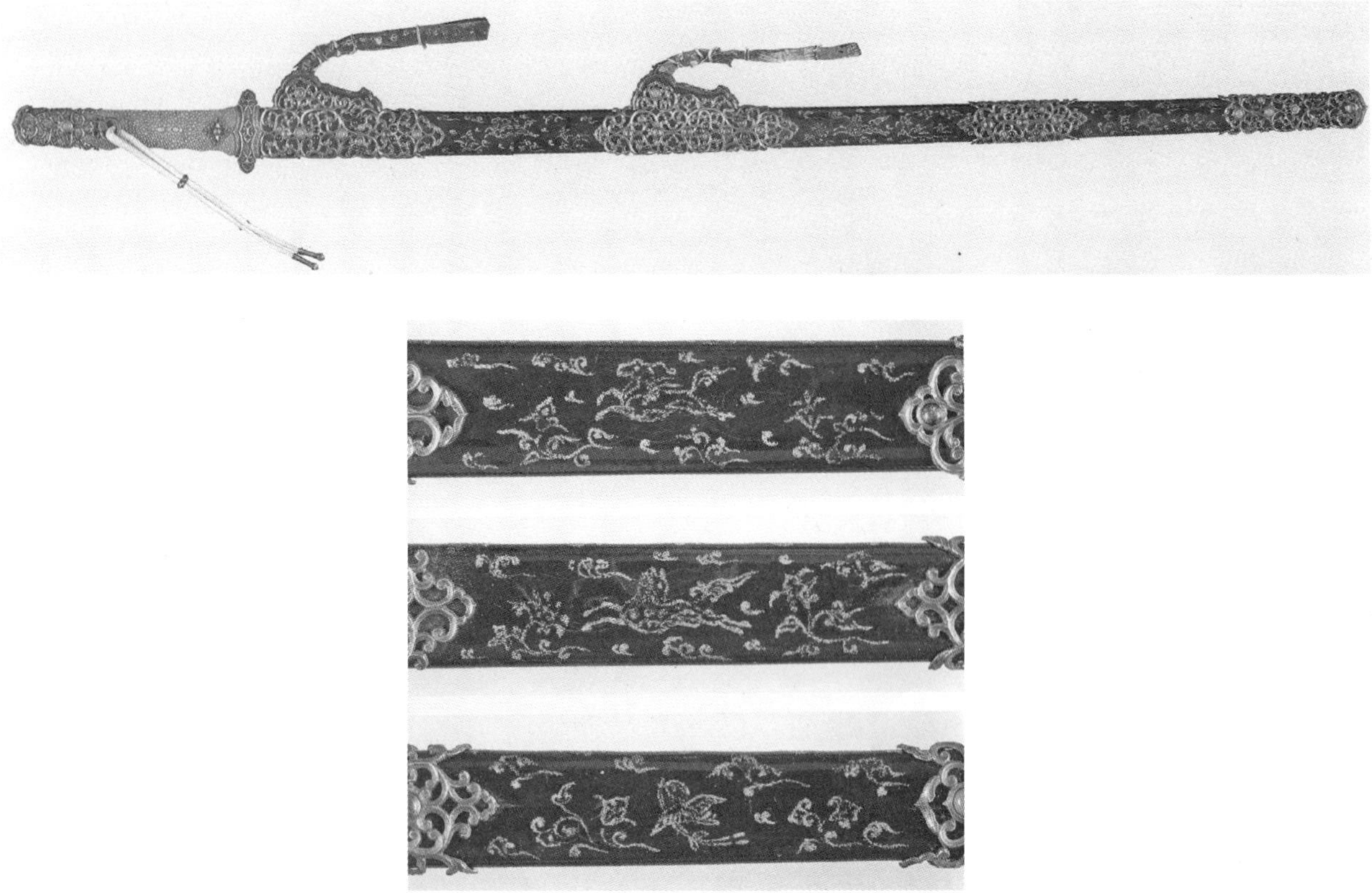

図２　金銀金銀鈿装唐大刀　正倉院　北倉（註（５）前出『蒔絵』図録から転載）

金銀金銀鈿装唐大刀　一口
刃長　二尺六寸四分　鋒者両刃　鮫皮把作山形葛形裁文
鞘上末金鏤作　白皮懸　紫皮帯執　黒紫羅帯　緋地高麗錦袋浅
緑綾裏

天馬の図像について最近、長谷川智治氏は韓国慶州、天馬塚古墳の馬莚に描かれた天馬と近いと指摘している(3)。天馬や雲の図は、大陸的な図様とみる研究者が多く、絵画的な観点からは、この刀装は日本製でなく、中国・唐で製作されたと多くの研究者たちに考えられているようである。

刀身については、直刀の切刃造りの大陸的な姿から、日本刀の刀鑑定家の多くが観察する限り、地金の質感が日本刀とは異質であると見るのが主流のようである。ただし、刀剣の世界にあっては、刀装と刀身は、製作者、産地が全く違うことが多い。大きく違う時代の例を、同一には論じられないものの室町時代以降の日本刀は大量に中国はじめ東アジア諸国に武器として輸出され、評価が高かった。鞘や柄、鍔などの刀装は輸出先の好みに応じて製作されたのであろう。

右の二例をもって草創期の蒔絵を論じるのは、心許ないのだが、これ以外の材料を挙げるとすれば、法隆寺献納宝物の利箭（東京国立博物館蔵、奈良時代、重要文化財）の矢筈巻部分と鏃の口巻部分に黒漆塗りに金粉が蒔いてある例である。文様を表す蒔き方ではなく矢の両端に金粉をまいて装飾し、現在はほとんどの金粉が脱落しているようである。同様に矢柄に鉄の粉末を蒔く例は、古墳からの発掘例があるという。

奈良時代に、すでに日本の研ぎ出し蒔絵が生まれていたのは、発掘品の八角棒断片からして明らかであり、正倉院の金銀鈿装唐大刀を日本製と見るか、唐からの輸入品と見るかは、今後の課題としておきたい。唐からの輸入製品の意匠や器形などを手本に、日本の工人が奈良の地において模倣、複製、修復が可能なレベルに達していたのが八角棒断片は示していると考えておきたい。

ちなみに「国家珍宝帳」には「蒔絵」の用語例はない。蒔絵の文献上の初見は小松大秀氏によると『醍醐天皇御記』延喜十六年（九一六）三月七日条であり「蒔絵御厨子」とあるので、この時期既に平安時代の蒔絵の定型的な家具である厨子棚が記載されている点から推量すれば、すでにこの時期よりもはるか以前に、技法も製作物も世に生まれていたとみられる。文学としての蒔絵の初見は『竹取物語』にあり、発達した蒔絵技法と呼称は、平安時代以降から確実とされてきた。また中国宋時代の記録をまとめた『宋史』列伝日本国条には、永延二年（九八八）に日本から宋に贈られた貢納品の目録に金銀蒔絵、金銀蒔絵硯筥、金銀蒔絵扇筥、金銀蒔絵扇筥の四点が含まれており、すでに平安時代の中期には金銀の蒔絵が日本から宋王朝に贈る品の中で、日本の特色を示す代表的な産物の一つであったのを物語っている。(4)

中国側での蒔絵の実態を示す伝世品および発掘品の提示が乏しいのが現状であるために草創期における蒔絵の技法の原初が日本にあるのか、中国にあるのかの議論は一向にはかどっていない。近年の漆工史研究では、塗膜の科学的分析や断面の顕微鏡撮影、分析などのわずかな微細破片での研究も進展しつつある。漆塗膜だけでなく、木地も年代判定の材料となり、放射性炭素14による年代測定も発展してきた。またX線やX線CT撮影などの非破壊検査による木地の木組みや構造など目に見えない内部の特徴からの判定も始まっている。年輪年代測定も高精細な木材年輪撮影による判定も発達しつつある。また実体顕微鏡や電子顕微鏡などの科学的な分析、データ蓄積も進んできたので今後は中国からの分析材料の報告を期待したい。

いささか時代の下がる議論になるが、十六世紀にポルトガルから火縄銃が日本に伝来して、日本の合戦の在り様や戦国大名の勢力が大きく影響を与えたのは周知のとおりである。大量の火縄銃「鉄砲」を揃えた織田信長・徳川家康らの連合軍と武田勝頼の騎馬軍が長篠の合戦で命運をかけたのは天正三年（一五七三）であり、「鉄砲伝来」からわずか三十一年後である。当時の日本には、刀鍛冶や農具の鍛冶が全国各地に多数あり、高い技術で鉄砲の銃身を製造することができた。奈良時代にあっても、縄文時代、弥生時代、古墳時代にわたる一万年におよぶ漆塗りの技術の蓄積が日本にはあったので、律令制や仏教などと同様に大陸からの新しい意匠や技術には、参考となる材料があれば容易に類似する製作は可能であったと想像される。

## 二　平安時代以降の蒔絵の発達

奈良時代の蒔絵の実態は、不明な点が多いのだが平安時代になると様々に優美な蒔絵の名品が現存している。(5)

1　花蝶蒔絵挟軾　藤田美術館所蔵　国宝　平安時代初期
2　海賦蒔絵袈裟箱　教王護国寺所蔵　国宝　『東宝記』所載
平安時代前期

3　宝相華迦陵頻伽蒔絵冊子箱　仁和寺所蔵　国宝　延喜十九年（九一九）製作
蓋の表に「納真言根本阿闍梨空海　入唐求得法文冊子之筥」の蒔絵の文字がある

4　沢千鳥蒔絵螺鈿小唐櫃　高野山金剛峰寺所蔵　国宝　平安時代中期

5　野辺雀蒔絵手箱　金剛寺所蔵　重文　平安時代後期

6　片輪車蒔絵螺鈿手箱　東京国立博物館　国宝　平安時代後期

これらの蒔絵のうち平安時代初期の1と2と3は、前記の平城宮跡出土の金銀八角蒔絵棒と技法的にも類似し、金と銀の研ぎ出し蒔絵の技法により製作されている。その後、時代が経過して、平安時代中期以降には、意匠や姿は王朝趣味によってさらに磨かれたのがうかがえる。紹介した手箱は、当初はいずれも経箱として作られたと考えられており、平安時代の蒔絵では、現存する伝世品は弘法大師空海や伝教大師最澄などに由緒が結びつく宗教的な遺品として伝世してきた。

都が奈良から京都に移ってからは、京都に蒔絵製作の工房は移動して、江戸時代初めまでおよそ千年の間、京都は蒔絵製作の中心地となったと推定される。このような京都の蒔絵工房の実態を平安時代の資料にうかがい知る手がかりには乏しいのだが、桃山時代に太閤秀吉の治世下において、建築や城郭装飾に金銀を贅沢に使うようになった時代に、蒔絵も新たな革新を迎えた。川越・喜多院が所蔵する職人尽絵の蒔絵師工房の図が参考になる。（図3）高台寺蒔絵と呼ばれる当時の最新流行の技法と意匠で飲食器、武器、調度などが製作されていた様子が描かれており、誠に参考になる。金の塊を加工して蒔絵粉を工房内で製造する様子や、水のはった盥を膝もとに置いて研ぎ出し作業の工程も良く描かれている。蒔絵の製作には、金や銀の貴金属を鑢でおろして、蒔絵粉を作る。そのままでは、不整形で良好に蒔くには不適切であるので、鉄の鑁で挟んで団子をこねるように丸める。喜多院の職人尽図では、鑁で金粉を丸めている作業の様子が詳しく描かれている。実際には、大きさと形状によっ

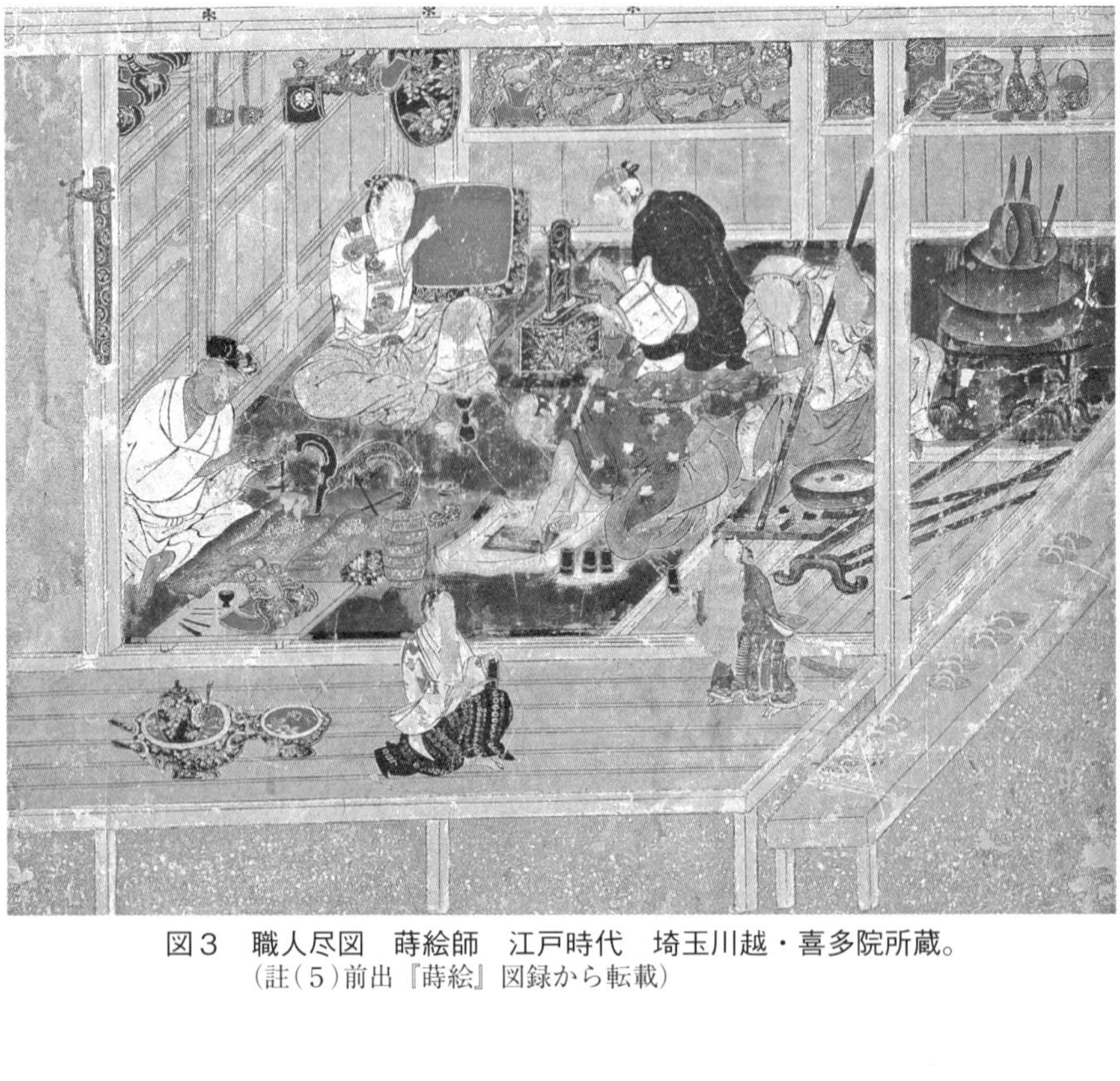

図3　職人尽図　蒔絵師　江戸時代　埼玉川越・喜多院所蔵。
（註（5）前出『蒔絵』図録から転載）

図４　黒漆塗春日卓　天正５年（1577）朱漆銘裏「春日□　本談儀屋　御寄附　天正五□七帙之内」
（MIHOミュージアム『根来』展図録　2013年９月）より転載）

て蒔絵粉は様々な種類があり、墨一色の水墨画でも色彩溢れた情景を描くように、蒔絵の世界では金銀粉で極彩色の世界を表現する。

　平安時代以降になり、奈良の塗師、蒔絵師は直ちに衰亡したのかという、多くの寺社に付属して多くの仕事を依然としてこなしていたのではないかと想像される。皇族や権門の善美を尽くし金銀を多用した最上級品の蒔絵の需要には、変化があったのかもしれないが飲食器や寺社での生活や儀式に使用される漆器の需要は根強かったと思われる。漆塗りの膳椀類は、定期的に塗りなおして長期間にわたり使用するのが常であり、割れや欠けに対しても修復しながら長い使用をする。

　春日厨子、春日卓（図４）と呼ばれる仏具も木製黒漆塗りないし朱漆塗りを加えた調度品で、奈良が主たる生産地であり、江戸時代にまで永らく姿や寸法が継承されている。さらに大きな漆器生産がされたとみられる品種では、「春日盆」を代表とする朱漆塗りの食膳となる四角や丸盆は、中世の奈良を通じて大量に長期間にわたり生産されたとみられる。この場合の「春日」とは、春日社には限らず、広く奈良全体を指す場合も多い。春日社では、二十年ごとに造替のたびに、膳椀の類が新調されて、旧物は民間へ払い出されたので現在も多数が伝来している。大盆は径一尺八寸、中盆は一尺三寸、小盆は一尺一寸と、各種の大きさもあったのが春日社の記録に残されている。春日盆、春日手力盆、など南都の漆工にちなむ名称が伝えられ、生産が継続された。具体的に奈良の寺社にちなむ漆器の盆（盤）の種類を挙げると、以下となる。（漆工史学会『漆工辞典』・ＭＩＨＯミュージアム『根来』ほかによる）

**安居屋盆《あごやぼん》**　奈良・春日大社の末社である安居屋で使用されたという盤（四方盆）に由来する。由緒を確認する現存作例は、知られていない。安居《あんご》とは出家僧が集団で修行生活を送ることを呼び、興福寺の僧たちが四月から七月までの九十日間、安居屋に参篭した際に使用した盆（食膳）がモデルとなったという。根来塗りとおなじく黒漆塗りの上に朱漆塗りをかけて、長年の使用によって磨滅した侘びた風合いが、近代のコレクターからは珍重されている。現存遺品としては「佛性寺　御盤」「至徳元年（一三八四）の在銘品が最古で、次いで「仏正長元年（一四二八）」の年紀銘が裏面に記された興福寺塔頭四恩院伝来の盆が、在銘の初期作例。

**手力盆**《たじからぼん》　安居盆とほぼ同様の裏に朱漆塗り、長方形で裏に低い板足が付く。奈良・春日社の末社である手力雄神社で使用されたことにちなむ名称という。春日大社に現在まで伝来している盆には、近世の作の中には、螺鈿で蝶、蜻蛉などを装飾した作もある。

**羅漢盤**《らかんばん》　安居屋盆、手力盆と類似する朱漆塗り長方形折敷に底部に低い板脚を取り付けた盆（食膳）で、奈良・法華寺で羅漢供養に用いられたので、この名前がある。徳治二年（一三〇七）「三十三枚」銘の羅漢供養所用盤が最古の年紀名作がある。

ほかにも奈良にちなむ名称は、付けられてはいないものの飲食器や供物器などの朱漆塗りの寺社の生活で用いられたのであろう中世の塗り物は多数が伝来している。二月堂練行衆盤も木製円形の盆に朱漆塗りで、長年の使用で磨滅して、侘びた趣が数寄者には好まれた。

東大寺と根津美術館所蔵作のように永仁六年（一二九八）の銘と「二月堂練行衆盤」と由緒が記されているので（図5）、使途と伝来が明瞭である。「漆工蓮佛」の人名が知られるのも貴重である。これに類似する丸盆や四方盆（盤）には無名の品も多く、造替のたびに民間に払い下げられ、多くが今日に伝世している。

平安時代以降、鎌倉・室町時代において春日厨子、春日卓、春日盆などの現在の分類名称と形式が確立していたかは不分明である。むしろ近代になって数寄者やコレクターが年を経てはげた漆の塗り肌を愛玩して珍重する様になってから、様々に分類されて、各個の姿・形により分類の名称が与えられてきたのであろう。奈良の地においては、長い時代にわたり寺社に従属してきた木工や漆塗りの工房により、伝統的な意匠と技法によって大量に漆器の生産と供給が行われていたとみられる。

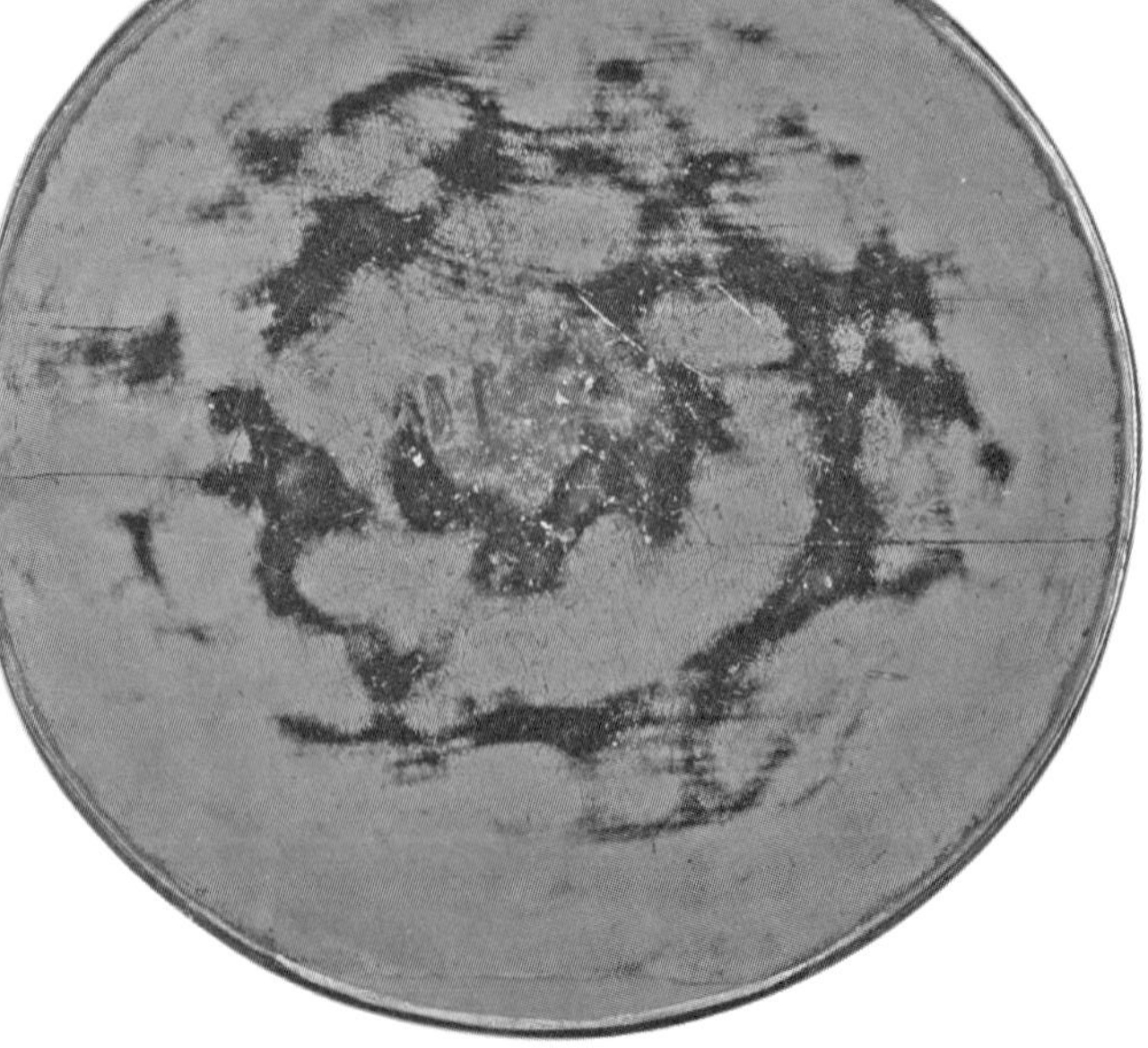

図5　春日盆　二月堂練行衆盤　東大寺蔵　重要文化財
裏朱漆銘「二月堂練行衆盤廿十六枚内永仁六年（1298）十月日漆工蓮佛」
（『根来』展図録より転載。前出図4参照）

中世の朱漆塗りのはげ擦れた飲食器類の代表は、紀州・根来で生産された「根来塗り」である。実際には同時代に、他の土地でも日本各地で同様な技法による飲食器、仏具などは、それぞれの大きな寺社に付属する漆塗り工房で生産されていたのだが、「根来」はとりわけに世界中でよく知られており、現在では、産地を示すのではなく、広く類似する作の全体を示す意味にまで広がっている。

南都の仏師や番匠すなわち大工も鎌倉時代に奈良周辺あるいは武家の都・鎌倉や関東にも仕事を求めて造寺、造仏に参加している。江戸時代中期の随筆『桜塢漫録』には、木彫漆塗り技法である「鎌倉彫」の創始者は、仏師・運慶の孫である康円と東大寺大仏殿再興に尽力し、鎌倉の地に来訪した宋の工人・陳和卿の二人が創始した、と記されている。学術的には、まったく根拠のない後世に作り上げた伝説である。しかし江戸時代には、鎌倉の地方に仏師が在住して活動しており、明治の廃仏毀釈以降に寺院の庇護を失った仏師の後裔たちが近代の鎌倉彫を発展させたのは事実である。

横浜市の三渓園保勝会が所蔵している木製多宝塔は宝徳二年（一四五〇）に奈良の大工らによって製作された銘文がある。本作は、建築の多宝塔を縮小して製作された総高八七・〇センチメートルの舎利安置塔であり、関東には珍しい存在である。明治の生糸商で財を成した原三渓が奈良で買い求めたとの伝承がある。原三渓が念仏堂として建てた天綬院すなわち三渓園内苑に鎌倉・心平寺地蔵堂を移築した建築の中に安置したのだが、建築が戦災の被害を受けたので永らく原家の土蔵に保管されていたという。昭和三十三年、三渓園復興記念に原三郎氏から三渓園保勝会に寄付され、その際に修復施工がされて、内部の墨書銘文が発見された。多宝塔の中に収められていた舎利は失われている。屋根を二層に備え、下層部の天井二重の方形板の裏に墨書銘があり、製作年次、製作者、費用などが次の通り明記されているのが貴重である。

要脚事
壱貫八百文　水晶壺
弐貫四百五十文　材木並細工方
壱貫文　細工衆食事
参貫八十文　番匠
参貫文　絵師
伍貫五百文　此内五百文
別酒直　銅細工半食定
弐貫文　火煙蓮華座以下
皆料新被誂之
弐貫文　塗師方
以上　弐拾壱貫三百卅文

---

御舎利殿多宝塔一基　依御願自宝徳
二年三月廿日　被造始之、同五月五日事終畢
細工衆　緑舜　兵部卿法橋
専清　善観　良鎮　舜専
番匠　国春　小法太郎男
絵師　重有　筑前法眼
塗師　与四郎男
金物師　座衆四人　但火煙蓮華座
以下分西阿弥一人沙汰之
宝徳二年　庚午　十一月十五日　被記之奉行隆舜　印

この銘文により、現在では失われた舎利容器は、蓮台火焔水晶宝珠の容器であったと判明する。製作費は、総額二十一貫三百三十文であった。三月二十日から五月五日の完成まで、工期はおよそ一箇月半であった。出張してきて細工に従事した大工や職人たちには、食事と一部に酒が支給された。塗師の与四郎の息子が受け取った経費は、二貫文、すなわち銅銭二千枚である。およそ全体製作経費の一割弱に相当する。前段には製作の費用が列記され、後段の板には、

製作にかかわった細工衆、番匠（大工）、絵師、塗師、金物師と統括した人物の個人名が記されている。後段の文言墨書のある板には、散蓮華彩色が施されている。この番匠の国春は小法太郎の「男」すなわち息子で、奈良の人物と言われる。[6] 中世後期、奈良に住む番匠たちは興福寺と春日社、あるいは東大寺と手向山八幡を中心に所属し、他からの注文に対応していたという。[7] ほかの人物もおそらく奈良の工人であり絵画装飾、漆の塗りなど共同の製作団体が結成されて各所の注文に応じ、一緒の団体で出かけて行き製作をする共同体制が出来上がっていたとみられる。漆師の与四郎もその息子も、室町時代に南都の塗師として寺社の注文に応じる仕事に従事し、中世を通じて親子歴代を経て継承されていたと推定できる。

## 結び

桃山時代、豊臣秀吉のころに草花や家紋など簡略な意匠の金銀蒔絵が流行し、城郭や建築装飾など大面積を短時間で仕上げる「高台寺蒔絵」様式が生まれた。家具や飲食器などがヨーロッパにも輸出され、キリスト教寺院、王侯の宮殿の装飾品に喜ばれた。ポルトガル人は東方に向かって航海して、インド・アフリカ経由で来日した。スペイン・オビエド大学の川村やよい教授によると、スペイン人は逆回りのフィリッピン、太平洋、中米アカプルコ、大西洋を経由して欧州から往復した。このルートから見れば、日本や中国は太平洋の西端であり、極東ではなく「極西」となる。メキシコには「マケ」と呼ぶ、日本の蒔絵に影響を受けた現地独自の天然樹脂材料を用いた塗り物があるという。極東から地球を東西の両方から廻り、日本漆器は世界各地に伝わったようだ。この時代には、ポルトガルやスペインからキリスト教の宣教師や商人たちも日本の蒔絵を求めて自国に送っている。

現在も多くの南蛮蒔絵と呼ばれる輸出漆器がヨーロッパの教会に残されている。十六世紀以降、東アジアからは交易品として絹や陶磁器など様々な産物が流通した。同様に東南アジア産の漆液も樽や壺に入れて日本へ輸入されて、近年になって発掘・分析された報告がある。[8] 桃山時代の京阪を中心とした建築ラッシュの膨大な需要にこたえるべく東南アジアから漆液が輸入されたのが、近年になって実証されるに至った。従って、仮に漆の樹液の産地が判明しても、漆器の生産地となるとは限らない。東洋の漆工芸品の産地や製作年代を判定するのは、今日の研究水準からすると陶磁器以上に研究が難しく、古窯跡の研究から陶磁器の年代、産地判定が進んだのに比べて、漆工芸品の基準作例には発掘品も伝世品にも制限が大きい。古い漆工芸品研究のさらに難解な要素は、伝世や使用の過程で修復や塗り直し、あるいは改造されて永く世に残されてきた点である。模古作や写し物、あるいは大幅な修理や塗り直し、改造作などが漆工芸品にはある。反対に長きにわたり使い込んで磨滅した、あるいは製作当初の黒や赤の色が退色した、時代の経年美も漆工芸品には独自の美しさがある。漆の塗膜が経年で痩せて、木目がかすかにあらわれるのも時代を経た漆工芸品の魅力でもある。

明時代、清時代には室町時代以降に江戸時代の日本製の蒔絵が中国にも多数輸出されて、珍重された。平安時代以降に日本の蒔絵や螺鈿は独自に発達して、中国側からの評価は非常に高かったとみられる。北京・故宮博物院にも清朝皇帝の後宮では日本の蒔絵が珍重されていたのは、(9)ヨーロッパの王侯と同様である。大航海時代以降にヨーロッパにマキエの用語は伝わり、メキシコには前記のとおり現在も「マケ」の語が残るという。清朝以降の中国では、現在も「描金《びょうきん》」と表現されている。日本でも江戸時代に描金の用語が逆輸入されて、漢語表現を好んだ知識階級や明治になってからの一部の日本人でも「描金」の語は蒔絵と同等に使用されている。蒔絵の用語は、日本独自で世界中からの認識も平安時代以降の蒔絵の実態を頭に描くのだが、草創期は奈良の地であり、実態はいまだ未解明である。恐らく数多くの失敗と試行錯誤が奈良時代までにあり、その後の平安時代において蒔絵の確固たる成立期を迎えるのであろう。

（こいけ　とみお・鶴見大学教授）

## 註

(1) 青森県八戸市埋蔵文化財センター是川縄文館編『縄文人と漆』展図録（二〇一五年九月刊行）は、東北北海道地方における縄文時代の漆利用の高度な技術で製作された遺物を豊富に紹介する最新の成果である。

また、明治大学戦略的研究基盤形成推進事業「歴史的な漆工芸品を科学分析評価するシステムの構築」紀要　第二号（明治大学バイオ資源化学研究所編　二〇一五年五月刊行）には化学的な分析による日本を中心とした古来よりの漆利用の様々な分析を及ぼした最新成果が盛り込まれている。本稿の中で、引用した國學院名誉教授大學小林達雄氏、スペイン・オビエド大学教授川村やよい氏らの口頭報告は、この事業による。

(2) 室瀬和美「金銀鈿装唐大刀の鞘上装飾技法について」（『正倉院紀要』三三号　二〇一一年）。これ以前の調査の成果には、荒川浩和「末金鏤の粉について」（『正倉院の漆工』平凡社　一九七五）および、松田権六、吉野富雄ほか「正倉院髹漆品調査報告（上）」（『書陵部紀要』第九号　一九五四）、「同（下）」（『同紀要』第十一号　一九五九）などがある。

(3) 長谷川智治氏は「法隆寺・玉虫厨子にみられる漆絵の源流―半島作例との比較を中心に―」二〇一三年十月漆工史学会総会・研究発表において、天馬図の図像は朝鮮半島の古墳発掘品に源流を求めている。

(4) 小松大秀、加藤寛『漆芸品の鑑賞知識』（一九九七年　至文堂）。

(5) 奈良時代の蒔絵を論じる論文、展覧会は乏しい。平安時代の初期蒔絵作については、小松大秀「国宝　宝相華迦陵頻伽蒔絵冊子箱」（『國華』第一〇七〇号　一九八四年）はじめとして豊富な論考がある。また平安時代以降、近世に至るまでの蒔絵を紹介した展覧会も筆者が担当した次の展覧会はじめ豊富である。『燦くうるし　蒔絵　初音の調度の源流を求めて』（一九九三年十月　編集発行徳川美術館）。

(6) 奈良国立博物館編集　特別展『舎利殿』図録　一九八四年一月刊行。展示番号3の該当作解説による。なお墨書銘文は草野徳義「木製多宝塔について」（『神奈川県博物館協会々報』第十一号　一九六三年十月刊行）による。

(7) 大河内直躬『番匠』（一九七一年　法政大学出版局）。

(8) 北野信彦ほか「桃山文化期における輸入漆の調達と使用に関する調査(Ⅲ)日本国内の出土漆器における輸入漆塗料の使用事例―」（『保存科学』№53）。

(9) 故宮國立博物院『清宮蒔絵―院蔵日本漆器特展』二〇〇二年五月。本図録には、北京紫禁城の後宮である清宮に所蔵されていた日本の蒔絵が特集されている。

# 遺産空間の継承と変容

井原　縁

## 序　報告者の視座—造園とランドスケープ

東大寺は修行・信仰の場であると同時に、史跡・名勝に指定される遺産空間でもある。この報告論文では、「遺産空間の継承と変容」というモチーフの下、東大寺境内地という場所について考察する。では、「場所」や「空間」をどのように考察しようというのか。本論に入る前に、ここではまず、報告者の視座について説明したい。その視座とは、「造園」あるいは「ランドスケープ」と称される「場の捉え方」である。

大正十四年（一九二五）日本で造園学会が誕生した。当初この団体は、「園」を「造る」こと、すなわち「庭園」「公園」の計画や運営に関わる研究者・技術者の組織体として活動していた。その後、道路・河川など各種公共空間の心地よいあり方、さらに地域全体の「緑」空間の適切な確保や創出など、アメニティ全般を志向する分野として拡大していった。こうした動きの中で、近年「ランドスケープ」という語が多用されてきている。もともと「造園」という言葉も「ランドスケープ・ガーデニング」「ランドスケープ・アーキテクチャー」の訳語として生まれたものだが、日本語の語感としてはやはり「園を造る」というイメージが強く、囲いや境界に縛られないランドスケープという語をそのまま用いる方が、多様な「風景」「景観」を考察する現状に相応しいのであろう。

では、地理学・生態学など、分野によって多義的に規定されるランドスケープの核心とは何であろうか。本報告では、それを自然の営みと人間の諸活動との相互作用として捉える。その意味では、人間が関わらない純然たる自然環境はありえたとしても、純然たる自然ランドスケープは存在しない。人を圧倒する高峰や人跡未踏の渓谷であろうと、それを例えば「崇高な自然景観」として意味づけるのは人間の価値観に他ならず、事実、深山幽谷の意味合いは時と場所によって様々に変化する。ランドスケープとは、その場所その土地における、自然と人間との関係性の表出として規定されよう。報告者は、この観点からランドスケープの保全作業に従事し、また後世へと継承すべき「ランドスケープ遺産」の目録作りに携わっている。よって報告者は、常に次のような問いと向き合わざるをえない。この景観から読み取るべき事柄とは何か。時が重ねられる中で、自然と人間との相互作用はどのように蓄積され沈殿していったのか。この場所の何を保全し継承すべきなのか。

以上、報告者の視座について説明した。この視座に立つとき、本稿のテーマは自ずから次の三点に絞られよう。第一に、東大寺境内地における自然と人間の関係性の現況を調査・報告することである。ここでは、特に「水系」と「植栽・植生」の変化に着目し、さらには「子院庭園」にみられる自然と人間の関係性に焦点を当てることで、現状の課題について論じたい。

第二に、東大寺境内地を遺産空間として捉えた場合、その継承のあり方の適切性が問われなければならない。この土地は、「史跡：東大寺旧境内」と「名勝：奈良公園」という二重の指定が施された特異な場所であり、それぞれの意味合いと問題点について考察する。遺産空間の継承を、ランドスケープの観点から検証することで、近代的な法制度の問題点を浮かび上がらせてみたい。

しかし、そもそも第二の点を明確に論じるには、何よりもまず、ランドスケープとしての東大寺境内地の核心が明らかにされている必要があろう。この場所における自然と人間との相互作用とは何か。この土地の何を保全し、何が継承されるべきなのか。この問いに答えられない限り、現状の継承システムを批判することはできまい。したがって、中心を射るこの問いが、第三の論点となるのである。ランドスケープとしての東大寺境内の核心とは何か。これが明らかとなることで、遺産空間継承に関する現行制度の問題も鮮明となり、さらには、第一の論点すなわち境内の自然環境に関する今日的課題もまたより明確に認識されるであろう。そのときには、対処の方向性もまた示されているはずである。

では以下、第一の論点をまずは自然環境の側から記述する。

## 一　自然環境と人為

### (一)　構成要素にみる自然環境特性

まず、現在の東大寺境内地の自然環境特性を水系に焦点を当ててみていきたい。現在、境内地（旧境内を含む）には図1、2に示す主に六本の河川が流れている。いずれも東方に連なる山々から西方向へと緩やかに落ちており、東大寺境内地はこれらの河川により浸食された春日山麓の扇状地に当たる。本報告では、この六本の河川を北から順に河川Ⅰ～河川Ⅵと称する。以下、流路を簡単に示すと、扇状地の先端最北の尾根にあたる知足院山北麓から、正倉院の境内北西隅を通って奈良市立鼓坂小学校、大仏池へと流れ込む河川Ⅰ、知足院山南麓下部から龍松院と龍蔵院の間を抜け、講堂跡東北隅を経て大仏池に流れ込む河川Ⅱ、さらに南方の山間の谷から大湯屋南池に注ぎ、大仏殿周辺土塁北東角を流れて河川Ⅱと合流する河川Ⅲ、鏡池から中門西南前面を通り、西塔と戒壇院の間を抜けて河川Ⅵに合流する河川Ⅳ、手向山八幡宮の裏山から流れ出て東塔跡の南、東南院旧境内の北を直線状に流れ、大仏殿前の参道を横切りさらに真西に流れ、水門橋付近で河川Ⅵに合流する河川Ⅴ、春日山原始林を源流域とし、若草山と春日山の間を抜けて県新公会堂の北を通り、

図1　河川Ⅰ～河川Ⅲの流路

図2　河川Ⅳ～河川Ⅵの流路

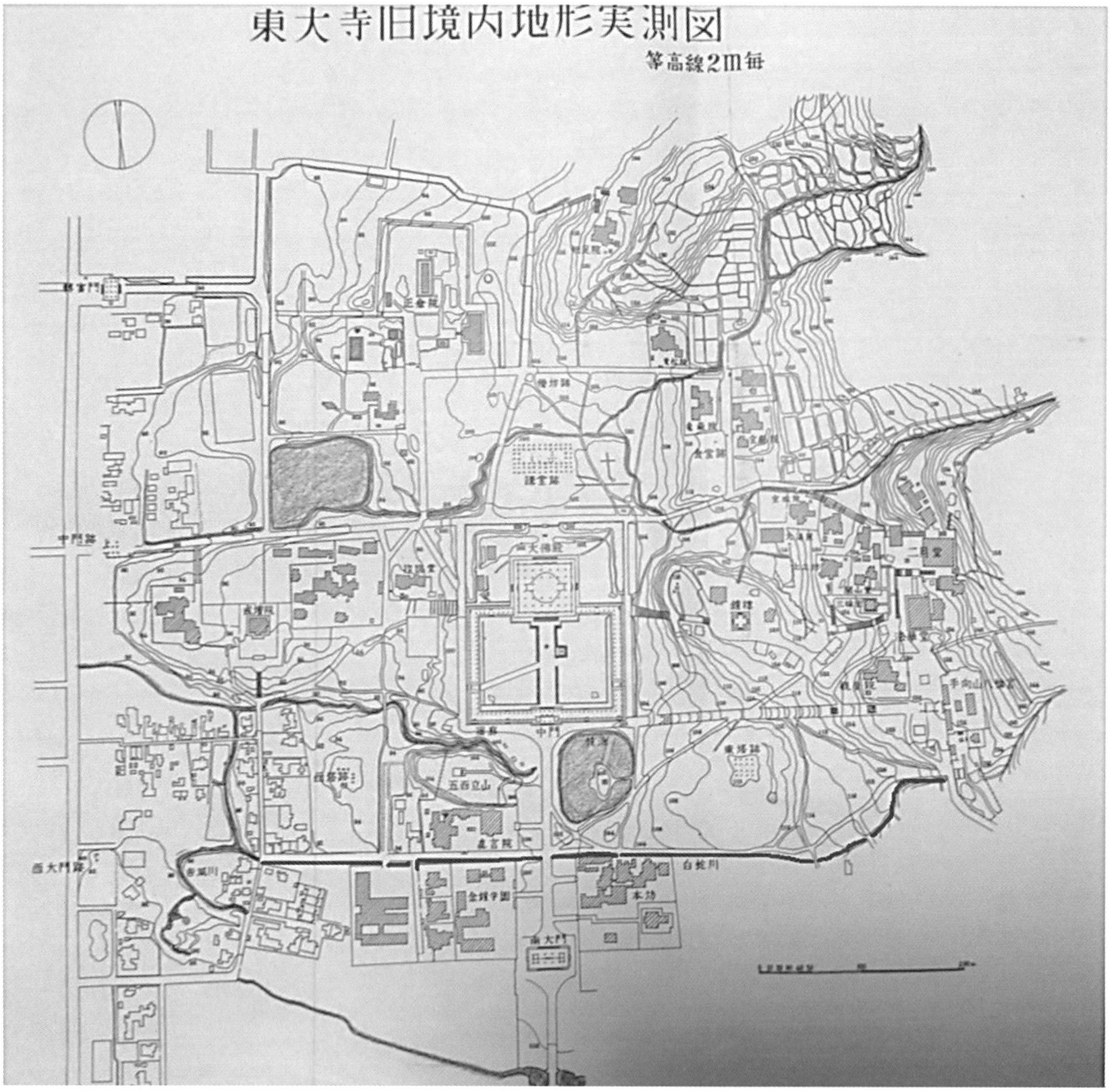


図３　森蘊による東大寺旧境内地形実測図（※河川に報告者が彩色したもの）

東大寺南大門前を流れて水門町へと至る河川Ⅵとなる。このうち、河川Ⅴは東南院を舞台とした聖宝僧正と白蛇にまつわる伝説に因み「白蛇川」、河川Ⅵは、万葉集に「宜寸川」として詠われた「吉城川」として知られている。昭和三十四年（一九五九）三月より、東大寺旧境内全域の地形調査に着手した奈良国立文化財研究所（現奈良文化財研究所）の森蘊による実測結果を図3に示す。空中写真判読と現地踏査から、先述した六河川の流路は、この実測時と現在とで大きな変化は見られなかった。ただし、後述する東大寺子院の庭園調査の折に関係者各位から伺った話を通して、水量に関しては顕著な変化がみられることが明らかになった。この点については後節で詳述したい。

　では、時代を大きく遡り、東大寺造営時と比するとどうであろうか。前掲の森蘊は、実測結果を元に、地形学の原則から東大寺造営以前の自然地形の推定復元を行い、天平勝宝八年（七五六）時における東大寺の寺域を表した「東大寺山堺四至図」と比較しつつ、造営前後の河川流路の姿を推測している（森一九七一）。奥村茂輝は、森によるこの旧地形復元図に、新たな発掘調査結果を踏まえて一部修正を加え、より正確な復元図を作成している（奥村二〇一四）。森、奥村両氏の考察を基に、現在と東大寺造営前後の河川流路を比較すると、主に河川Ⅱ、Ⅲ、Ⅳ、Ⅴに大きな変化がみられる。造営以前は、河川Ⅱは知足院山の南麓に沿って流れ下っており、現状のように龍松院と龍蔵院の間を抜けた後南に曲がらず、そのまま西方に流れていた。河川Ⅲは、現状のように大仏殿周辺土塁北東角を北に曲がり河川Ⅱと合流するのではなく、そのまままっすぐ西方に流れていた。またその上流では、現在の法華堂（三月堂、羂索堂）の南、池が残るのみであるが、この一帯にも川が流れていた。河川Ⅳは、そもそも水源となる鏡池が存在しておらず、現在の鏡池に該当するエリアを西方に向かって流れ、河川Ⅴ（白蛇川）と合流する河川が存在していた。河川Ⅴは、現在のような直線状に真西に向かう流路ではなく、舌状に張り出した尾根に沿って、深い谷を作り東南方から西北方へと流れていた。

東大寺の造営は、これらの河川流路に劇的な変化をもたらした。東から西に下降する斜面地が広がっていた一帯は、大仏殿をはじめとする主要建物の造成にあたり、大規模な丘陵の削平、川の付替え、埋め立てによって大きく変貌した。河川Ⅱおよび河川Ⅲは、講堂やそれを囲む三面僧坊の造営に伴い埋め立てられ、付け替えられた。鏡池に該当するエリアを流れていた河川は埋め立てられ、奥村が「東大寺の寺域内で現在でも池のある場所は、造営以前そこに川があったことの名残」（奥村二〇一四：六七―六八頁）と指摘するように、結果として地下の伏流水から必然的に湧水池（鏡池）が出現した。河川Ⅴは、大仏殿中門・回廊前面の整地、東西両塔の造営にあたり、丘陵を削平して谷の一部を埋め、流水の一部を南に付け替えた。結果、現在のような河川Ⅳと河川Ⅴが誕生することとなった。その後、長い年月の間に、浸食堆積などの自然的要因と土木建築工事に伴う人為的要因によって流路は変動していったが、このようにみてくると、現在の河川流路の原型は東大寺造営時に形成されたといえよう。

次に、植栽・植生に焦点を当ててみていきたい。主に環境省の自然環境保全基礎調査結果（第六回調査：一九九九―二〇〇四年度）(1)および「奈良公園植栽計画検討委員会」における検討資料および国土地理院提供の空中写真(2)を基とし、さらに現地踏査で視認を行った。「奈良公園植栽計画検討委員会」とは、平成二十四（二〇一二）年度より奈良公園の植栽及び植物管理の指針策定を目的として調査・審議を続けている委員会であり、報告者もその一員である。公園全域の植栽・植生環境の現況ならびに歴史的変遷の基礎データを洗い出し、検討を重ねたうえで、そこから導出される五十年後、百年後の姿を見据え、維持管理も含めた総合的なプランニングを進めているところである。

現在、東大寺旧境内域の構成樹種は、スギとマツを中心とする針葉樹、サクラ類、カエデ類、イチョウなどの観賞用花木およびその他の常緑・落葉広葉樹に大別される。平坦部ではクロマツが基調となっており、クロマツの疎林または広葉樹との混交林が分布している。山麓付近はスギが基調となっており、これらクロマツやスギのなかには、古来よりこの地に在り続けている大径木も数多く含まれている。このような緑のなかに花木が散在するが、なかでも特にイチョウは大径木が多い。古来よりの変遷を正確に把握することは難しいが、少なくとも、近世に描かれた名所図絵をみると境内にはマツが、山麓にはスギが多く描かれており(3)、基調樹種に関しては現在と同様の配植を見て取ることができる。

また山麓から山稜にかけての植生に着目すると、特に近年において大きな変化がみられることが明らかになった。北部では、現在アベマキ－コナラ群集が広く分布している。ただ、この一帯を幼少時に通学路や遊び場としてよく歩いていたという六十―七十歳代の東大寺の方々からは、当時は今よりも林床が明るく、マツタケがとれていたというお話を伺った。ここに端的に表れているように、もとはモチツツジ―アカマツ群集であったものが、マツ枯れに伴い、現状のような植生に遷移したものと推定される。このような枯死被害の増加は全国的な現象であり、昭和四十年（一九六五）頃を境として定期的な山林利用（里山利用）が喪失していったことと密接に関係することが指摘されている。なお、同様の枯死により、モチツツジ―アカマツ群集の分布域となっている手向山八幡宮や二月堂周辺の裏山でも、現在はアカマツが激減している。また、全体として過密状態になっていることが指摘できる。

北部の山間には水田が開かれている。全て民有地となっており、主には戦中戦後の食糧難時に端を発したものだが、東大寺の方々に伺うとそれ以前からの水田も含まれており、様々な時期に開かれたものが混在しているという。ただしこれらの水田は、現在は悉く放棄地と化し、遷移が進んでいる状況にある。空中写真を追うと、一九八四～八六年に撮影された写真では一枚ごとの境界線が明瞭に見てとれるが、最新の二〇〇七年以降に撮影された写真では明らかに崩れており、現地でも放棄地化している様子が確認できた。さらに放棄水田には、繁殖力が強い外来種で、有毒性のため鹿も食べないナンキンハゼが怒涛の勢いで広がっている。現地踏査の結果、このナンキンハゼは、東大寺境内地全域に渡って異常な広がりをみせており、こうした現象は近年従来の生態系のバランスが急激に崩れつつあることの表れと指摘できる。

さらに特に顕著な変化がみられる山麓から山稜にかけては、先述した境内地を流れる河川の水源にあたるため、水や土砂のあり方に少なからず影響を与えていることが推測される。一般に、適正な管理がなされ、生態系のバランスが保たれている田畑や山林には、水や土砂崩れを防止し河川水量を一定に保つと共に、急激な地下水の上昇をコントロールする機能があることが知られている。従って、そのバランスが崩れるとこれらの機能も低下し、河川がヘドロで埋まる、平常時の水量が減少し雨水時には急に増水し溢れる、といった現象が問題視されることとなる。東大寺境内地を流れる河川についても、同様の変化が見られるのではないか。この点については、以下より詳しく見ていくこととしたい。

## (二) 時間の推移による変質―子院「庭園」を中心として

ここでは、主要な建造物として注目されることはほとんどないが、東大寺の歴史・文化の継承を支えてきた足元ともいうべき「子院」の存在に注目したい。東大寺における子院の創立は、天平時代の唐禅院、西南院に始まる。平安時代に入ると、寺院組織の変貌のなかで、北阿弥陀院、真言院、東南院、知足院、佐伯院、念仏院、尊勝院、西院、正法院など数多くの子院が創立された。以後、子院の数や名称、建築や地割は時代と共に変化していったが、近世初期の姿

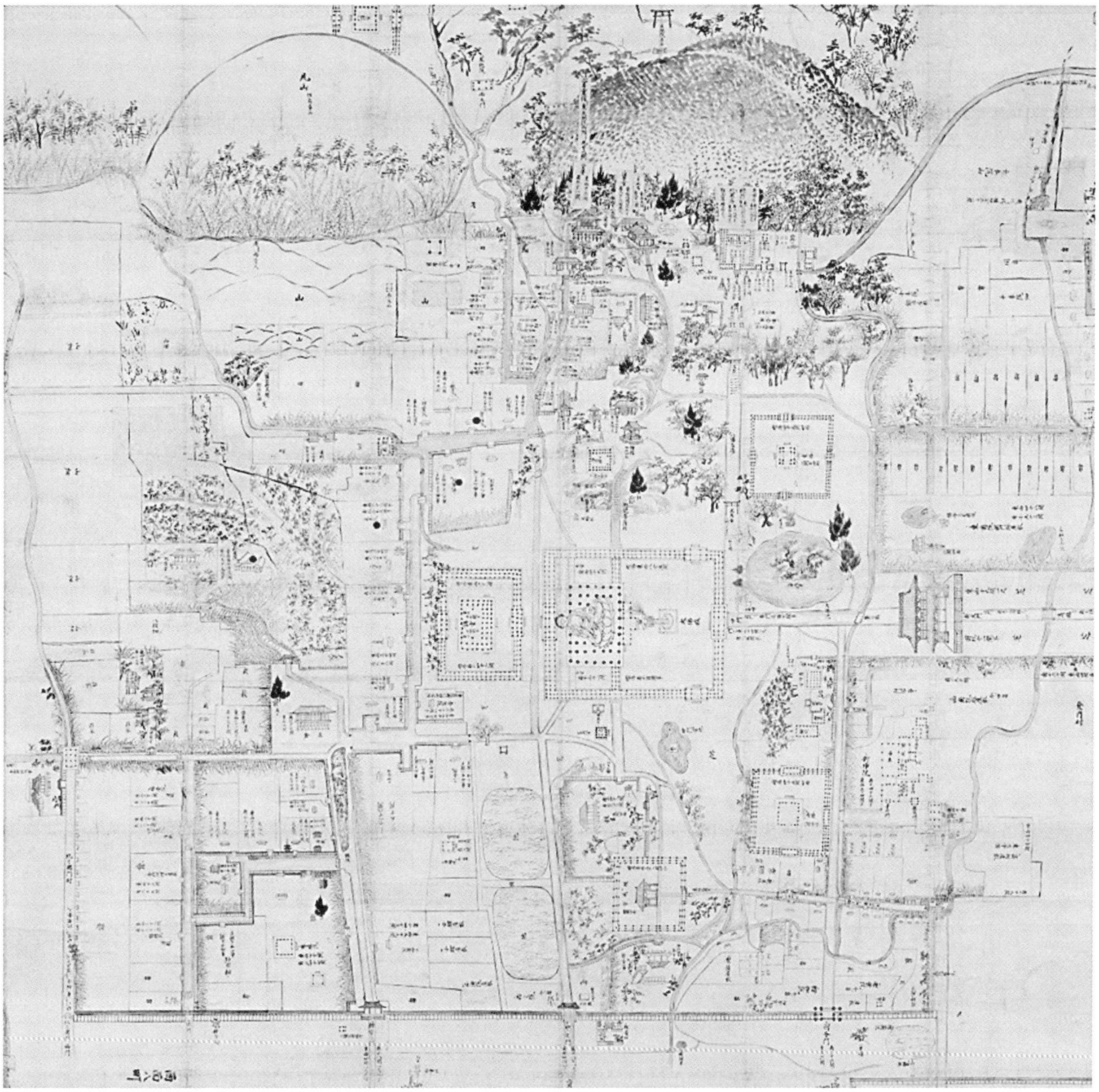

図4　「東大寺寺中寺外惣絵図」部分にみる子院の分布状況（※現地踏査を行った4子院の位置を●印で記入した）

を示す図4の「東大寺寺中寺外惣絵図」や享保・元文頃の作成とされる「奈良町絵図」等、近世に東大寺境内地を描いた絵図からは、ひとつの特徴を見て取ることができる。子院の立地が、前章で述べた境内地を流れる六本の主要河川の周辺に集中しているのである。森蘊と牛川喜幸が昭和三十六年（一九六一）に記した論文「南都の庭園と春日野の地形と水系」では、尊勝院、知足院、竜（龍）松院、伽葉院の四つの子院が登場し、この全てにおいて、河川の水を直接または間接的に導引した優れた池庭が築かれていたことを明らかにしている（森、牛川一九六一）。立地環境からみても、恐らく同様に河川の水を利用した池庭は、その作庭時期は様々であろうが、多くの子院に設けられていたのではないかと推察される。この仮説を確証すべく、現存する子院庭園の姿を実際に確認することにした。現在東大寺境内地に残る子院は、特に河川Ⅱ、河川Ⅲを中心とする山麓の一帯に集中している。現地視察の対象としたのは、このうちかつて森蘊らが調査した知足院と龍松院に加え、宝厳院、龍蔵院という、いずれも作庭時期の異なる四つの子院庭園である。現地踏査は平成二十六年（二〇一四）十月十四日、各院の方々のご厚意により実現した。

まず知足院は、平安時代に創建された子院である。写真1に示す通り、庭園には急傾斜地を利用してつくられた高さ四メートルほどの滝石組があり、鎌倉時代の創作と考えられている。先述した森蘊らによる昭和三十六年（一九六一）の論文では、当時既に枯滝状になっていたが、実測および電気探査などによる調査の結果、滝の下方に池もしくは遣水状の跡が確認されたことが記されている。また、滝口上方まで河川Ⅱから導入してきた跡も確認されている（森、牛川一九六一）。往時は、地形を活かし壮大な滝を中心とした池庭であった。しかしいつからか水は完全に枯れ、現在の姿に至る。次に龍松院は、もと「大喜院」と称して室町時代に創建された子院である。明治八年（一八七五）の寺門改革で現在の寺号に改められた。

写真1　知足院庭園（撮影：井原縁）

敷地には、写真2に示す通り南北に細長い池を中心とした池庭が築かれている。南部には持仏堂が独立して位置しており、庫裡の渡廊が池を渡ってここに通じている。明確な作庭時期は同定されていないが、室町後期作庭との見方が強い（森一九八四、大久保一九八四）。今回踏査した四庭園のうち最も水量が豊富であり、既存研究では河川Ⅱを東隅から引き込んでいると記されているが（森、牛川一九六一）、今回の現地踏査では、池の水位の調整機能をもつ水路の存在は視認できたものの、明確な取水口は確認できず、院の方の

写真2　龍松院庭園（撮影：井原縁）

お話では湧水によるとのことであった。

宝厳院は、東大寺寺中寺外惣絵図にその存在を読みとることができ、近世初期には創立していたことが明らかである。この子院庭園は、重森三玲が江戸初期の池庭として『日本庭園史大系』に記載しているが（重森三玲、重森完途一九七六）、踏査したところ、写真3に示す通り石組に古の面影を残しつつ、近現代に大幅に手を加えたとみられ、結果として非常にのびやかな庭園の姿を呈していた。園内北東の少し高い位置から河川Ⅲを水田の水路経由で導水していたと考えられ、その地形的痕跡が確認できたが、現在水は枯れており、池は雨水による。

龍蔵院は、今回踏査したなかで最も新しい時代に築かれた庭園を有する。戦後に復興して取り戻した敷地に、作庭も手掛けていた森蘊の手により昭和三十二（一九五七）年に竣工した。春日山の延長のような自然な姿を理想とし、山林に生える雑木を使ったこの庭園は、東北隅から小滝を落とし、傾斜面の裾野に沿って南から西へと遣水をまわし、小池へと至る構成になっている。当初は河川Ⅲの水

写真３　宝厳院庭園（撮影：井原縁）

写真４　龍蔵院庭園（撮影：井原縁）

を導引していたが、竣工後ほどなくして水は枯れ、写真4に示す現在の姿に至る。

これら子院に付属する池庭は、東大寺を支える人々の日々の暮らしに潤いを与えると同時に、河川流量を一定に保ち、水環境を調整する役割も果たしていたと考えられる。子院の数が減ると共に、その機能も薄れていったが、特にこの北部エリアの山麓から山稜にかけては、新たに開けた水田が池庭の代替機能を果たしていた。しかし先ほど植生のところで述べたように、おおよそ昭和四十年（一九六五）頃を境に、この水田も含めた山麓から山稜にかけての植生は人的営為の変化や外来種の侵入によって大きく変化しており、このことが現況のように水が枯れている子院庭園が少なくないことのひとつの背景にあると推察される。

以上、本節では水系を手掛かりに、東大寺境内地における自然と人間の関係性を跡付け、その変化がもたらした現在の課題について確認した。

## 二　遺産空間を継承するしくみ

では次に、第二の論点を考察する。近代に入り、一定のエリアを「守るべき対象」として指定する法制度が整備されていった。このとき、東大寺境内地は如何なる空間認識に基づき保全・継承の対象となったのか。この問題を検討し、併せて現行の文化財保護にかかわる法制度の死角を明らかにしたい。

先に触れたように、東大寺境内地には、このような法制度の黎明期よりエリア指定の網が二つ掛けられている。一つは「史跡東大寺旧境内」であり、もう一つは「名勝奈良公園」である。ここでは、まず「史跡」と「名勝」の共通性と差異について確認し、次に時系列に添って、東大寺境内地がそれぞれにエリア指定されていく際の価値評価を検証する。

さて、史跡にせよ名勝にせよ、歴史的・文化的価値の高い空間を保全・継承する制度的枠組みであることに違いはない。大正八年（一九一九）、「文化財保護法」の前身である「史蹟名勝天然紀念物保存法」が制定された。これにより「史蹟」「名勝」「天然紀念物」は、法に裏打ちされた保全対象となるのである。それぞれの内容を、文化財保護法の規定に従って確認しよう。

文化財保護法は、保護すべき「記念物」としての「史跡（史蹟）」を次のように規定する。「貝づか、古墳、都城跡、城跡、旧宅その他の遺跡で我が国にとって歴史上又は学術上価値の高いもの」（文化財保護法第二条第四号）。同じく、「名勝」については次のように規定する。「庭園、橋梁、峡谷、海浜、山岳、その他の名勝地で我が国にとって芸術上又は観賞上価値の高いもの」（文化財保護法第二条第四号）。さらに、「天然記念物（天然紀念物）」については次のように規定する。「動物（生息地、繁殖地及び渡来地を含む）、植物（自生地を含む）、及び地質鉱物（特異な自然の現象の生じている土地を含む）で我が国にとって学術上価値の高いもの」（文化財保護法第二条第四号）。

ここで確認すべきは、「史跡」と「天然記念物」の価値基準が「学術」を基本とした専門性に担保されているのに対し、「名勝」の場合は、「芸術」「観賞」という趣味判断に委ねられている点である。前者はより明確かつ論理的な基準を提供し、後者の基準はより曖昧かつ感性的とならざるをえない。それゆえであろうか、名勝は、史跡・天然記念物に比べると指定される割合が少なく、また指定対象も「庭園」への偏りが見受けられる。歴史的評価が定まった名園であれば、史跡同様の基準が得られるからであろう。

　名勝における保全・継承対象の曖昧性、この点を指摘した先行研究は次のように結論づけている。「大正十年（一九二一）に出版された保存要目解説の名勝の冒頭には、『優秀ナル人工物及自然現象ヲ総称スルモノニシテ其範囲甚ダ広シト雖モ、史蹟及天然紀念物ノ部ニ編入サレタルモノハ之ヲ省ケリ』とあり、名勝の要目が、史蹟及び天然紀念物以外の部分を網羅するように決定されたことが伺える。…保存すべき風景という目的を持っているはずの名勝は輪郭があいまいなままスタートしたといえよう。事実、その後も『名勝』の意味が明瞭ではないという指摘をされている」（黒田、小野二〇〇四：五九九頁）。

　ここまで史跡と名勝の共通性と差異について瞥見した。では次に、東大寺境内地がこの双方に指定される際の歴史的背景、ならびに、指定理由について考察しよう。史蹟天然紀念物保存法に基づき、大正十一年（一九二二）に「名勝奈良公園」が誕生し、昭和七年（一九三二）に「史蹟東大寺旧境内」が成立する。時系列に従って、まずは前者から吟味する。

　「名勝奈良公園」誕生の背景には、明治六年（一八七三）の太政官布告第一六号に基づき全国各地で「公園」が誕生していたことが大きい。この布告は、次のような内容であった。

> 三府ヲ始、人民輻輳ノ地ニシテ、古來ノ勝區、名人ノ旧跡等、是迄群集遊観ノ場所（東京ニ於テハ金龍山浅草寺、東叡山寛永寺境内ノ類。京都ニ於テハ八坂社、清水ノ境内、嵐山ノ類、総テ社寺境内除地或ハ公有地ノ類。）従前高外除地ニ属セル分ハ、永ク万人偕楽ノ地トシ、公園ト相定メ被ル可キニ付、府県ニ於テ右地所ヲ択ヒ、其景況巨細取調、図面相添、大蔵省ヘ伺出ズ可キ事。
>
> （正院達第一六号、一八七三）

東京、京都、大阪をはじめとして、人々が群がり集まる地、古くからの景勝の地、歴史上の重要人物ゆかりの地など、これまで「群集遊観ノ場所」であった無税地を国で「公園」として定め、長く存続できるように図るので、各府県においてそれにふさわしい場所を選び申請せよ、というものである。ここで注意したいのは、新たに土地を設け公園という新施設を造成するものではなく、既に実質的には公園的機能を有していた場所に対し、「公園」という名のもと官営の管理監督下に置くという、新制度上の位置づけがなされた点である。物的空間としては従来の遊観所が継承された形であったが、これらが全て官有の空間として一元的に管理されることとなった[4]。この布告に基づき公園として設定されたのは、東京の芝（増上寺→芝公園）、上野（寛永寺→上野公園）、浅草（浅草寺→浅草公園）、深川（富岡八幡宮→深川公園）、飛鳥山（飛鳥山：桜の名所→飛鳥公園）、京都の円山（八坂神社→円山公園）、嵐山（嵐山：景勝地→嵐山公園）、大阪の住吉（住吉神社→住吉公園）、浜寺（高師の浜：白砂青松の景勝地→浜寺公園）などであった。

　このような生まれたての公園たちは、その成り立ちからして土地に定着した歴史文化資産を取り込んで設定されており、従って後に制定された「史蹟名勝天然紀念物保存法」において、史蹟and/or名勝へと指定されていくのである。「名勝奈良公園」は、その代表といえよう。奈良公園は、先述した公園設置の太政官布告に基づき、明治十三年（一八八〇）に堺県のもと「興福寺旧境内及ヒ猿沢池近傍」を公園地として誕生し、その後再設置された奈良県の注力によって明治二十二年（一八八九）に春日野や浅茅ヶ原、若草山をはじめ、春日山、花山、鉾山などの広大な山野（官林）、加えて東大寺や手向山八幡宮、氷室神社、天神社、瑜珈神社などの社寺境内地を編入した広大な範囲が告示され、整備された。この公園範囲が全域、国内で初めての「名勝」に指定されたのである(5)。

では、奈良公園を名勝として指定する際の、その空間認識はどのようなものであったか。名勝指定時（大正十一年）の指定理由説明文、ならびにその後（昭和三年）の奈良県における解説文を確認する。

> 奈良縣ノ経営ニ属シ明治十三年興福寺元境内及ビ春日野寺約四万三千坪ノ地ヲ劃シテ公園ト爲シタルニ始マル、後春日山花山嫩草山等ノ山林及東大寺手向山神社寺ノ境内地ヲ編入シ更ニ風致上必要ナル民有地ヲ買収シ以テ今日ノ區域ヲ成スニ至レリ。
>
> （文部省告示第四九号、一九二二）

> 奈良市街ノ東部ニ位シ東方ニ春日山嫩草山相連リ山麓ニハ官幣大社春日神社縣社手向山神社、村社氷室神社鎮座シ東大、興福二大寺ノ堂塔建チ並ヒ帝室博物館、正倉院、諸學校、官衙等其中ニ在リ境域東西約一里、南北拾九町餘、古木老杉枝ヲ交ヘ翠緑滴ルカ如キ芝生ノ上ニ神鹿ノ徂徠セル様、他ニ見ルヘカラサル光景ニテ観客ノ來住織ルカ如シ加フルニ域内ノ社寺舊蹟ハ何レモ千載ノ偉相ヲ留メ崇敬ノ旺ナルト古建築及美術研究者ノ來訪ノ頻繁ナルトハ本邦ニ其比儔ヲ見ス近時外人ノ來遊多ク何レモ其天然ノ美ト藝術ノ深邃ナルニ驚キ等シク世界ノ名園トシテ讃嘆スルニ至レリ。
>
> （奈良県『奈良縣史蹟名勝天然記念物指定地要覧』、一九二八：三四頁）

これら説明文には、名勝奈良公園へのまなざしが如実に表れている。注目すべきは引用下線部にあるが、ここからは次の二点を看取することができる。第一に、風致・光景への関心である。名勝指定の際には、そのエリア全体にまなざしが注がれ、その美的・芸術的価値が謳われているのである。名勝という言葉自体、むろん近代以前から存在し、そもそも優れた風景地を意味するものであった。ここでは、ランドスケープが志向されているのである。第二に、謳われている対象の雑多性を指摘できよう。奈良公園の美を構成するのは、古社寺、博物館、学校、官衙、古木、芝生、そして鹿。雑多なものの統一として、名勝奈良公園は成立しているのである。

次に、「史蹟東大寺旧境内」を考察する。その背景として指摘すべきは、大正元年（一九一二）史跡勝地保存のための県費補助金の支給、大正二年（一九一三）史跡勝地調査会の設置による調査報告の集積、昭和四年（一九二九）における東大寺境内の国道通過問題(6)などである。特に最後の史実は、開発と保全をめぐる葛藤の中で文化財保護にかかわる法制度が適用されていく過程を想起させる。遺跡空間は過去を示し、近現代の社会は未来を志向するがゆえに、時代の欲望は、たとえ遺跡空間の保存に同意する場合であっても、保存のあり方において、ともすればその土地の来歴を軽視しがちとなる。しかし、時を経て形づくられたものも、その破壊は瞬時に可能であり、そして取り返しがつくことはない。思うに、文化財保護にかかわる法制度の存在意義とは、現在を過信する者たちへの限界設定なのではなかろうか。

では続いて、東大寺境内地が史跡指定される際の指定理由説明文を吟味しよう。名勝の場合と同じく、そこには史跡へのまなざしがあからさまに表現されている。

> 東大寺ハ聖武天皇邦家慶福ノ叡慮ニ依リテ建立セラレシ大伽藍ニシテ規模ノ雄大ナルコト世界ニ比類ナク境内ニハ大佛殿ヲ中心トシテ東方ニ大鐘楼、二月堂、三月堂、手向山神社（旧鎮守）等アリ西方ニ戒壇院及附属堂舎アリ西北ニ正倉院アリ創立當時ノ轉害門及鎌倉時代ノ南大門アリ東西兩塔ノ土壇大講堂、三面僧坊、食堂等ノ礎石猶原位置ニ存セルノミナラス　コノ大伽藍區域ヲ廻リテ僧坊雑舎境内諸處ニ散在シ舊塔頭寺院ノ跡ハ現今民有地トナリシ處アリト雖モ寺名ヲ地字ニ存シ中門阯、西大門阯、聖武天皇御拝壇阯等皆礎石ニヨリテ平城京ノ東京極路タリシ現今ノ手具通ト境シ北方雜司方面ノ區劃亦旧時ニ異ナラス東大寺ノ四至ハカリテ天平創立當初ノマヽ依然トシテ嚴存シ國家鎮護ノ靈域タリシ舊態ヲ保チ我國ノ史蹟トシテ最モ重要ナルモノノ一ナリ
>
> （文部省告示第一九一号、一九三二）

この説明文では、徹頭徹尾東大寺の歴史的事象・事物が称揚されている。境内大伽藍が讃えられてはいるが、史跡へのまなざしがその土地の光景、ランドスケープに焦点を合わせることはない。焦点は、幾つも列挙されていく事物に当てられている。これら歴史的な事物が今なお「存在する」こと、これが慶賀し保全すべき事柄のすべてである。上記引用文から滲み出てくる志向性は、「アリ」という動詞の多様、「存セル」「散在スル」「跡・阯」「依然トシテ嚴存」などの語用に端無くも表現されていよう。史跡へのまなざしは、土も風も光も景も捉えてはいない。ただ、その場所に現存するモノの歴史的・学術的な価値を言祝いでいるのである。

以上、一定の拡がりのあるエリアを価値評価し、保全・継承する法制度について確認した。こうした制度の存在は、後世へと永く伝えるべき遺跡や景観を、その時々の刹那的欲望によって改変しようとする圧力に対して、歯止めとしての役割を果たしてきた。この点については、大いに強調しておきたい。その上で、ここでは東大寺境内地の保全・継承という観点から、現行制度の問題点を検討する。

上述のように、史跡と名勝は、そもそもその志向性を異にする。前者は、建築物・遺構・仏像など、個々の対象物（オブジェ）に焦点が当てられるものの、その反面、場の全体（トポス）に対する認識は薄い。後者は、場の全体に目を向けるものの、しかしその評価基準は、史跡に比べるとあまりに不明瞭である。両者のこうした特性が、東大寺境内地の保全・継承において、ある種の欠落を惹き起こしているのではあるまいか。

史跡へのまなざしは、境内地を一つのまとまった場所として捉えるものの、しかし焦点はトポスやランドスケープではなく、個々

別々のオブジェに据えられる。ゆえに、境内地を成り立たせる基底に目がいくことはない。地形・水系・植生・気の流れなど、その場所そのものの特質は等閑視され、まなざしはただ、オブジェの歴史的価値へと注がれるのである。これに対し、名勝へのまなざしにおいては、トポスやランドスケープが浮上する。だが、そこでのトポスとは、一つのまとまりとしての東大寺境内地ではなく、種々雑多な要素が合成された名勝奈良公園なのである。例えば同じ奈良公園にあっても、県庁周辺と東大寺境内地とは、土地の来歴・現況においてあまりに異なっている。先に触れたように、名勝の場合、評価基準のあいまいさから、ともすれば何を保全・継承すべきか、その核心を捉えにくい事情が認められている。さらに東大寺境内地の場合、奈良公園全体の枠組みにおいて名勝指定されているのであり、これにより、まとまったトポスとしての境内地が浮き彫りにされることは著しく困難となる。以上、史跡・名勝いずれへのまなざしにおいても、東大寺境内地がランドスケープとして顕在化されることはない。

　現行法制度の死角は明らかと言えよう。それは、東大寺固有の自然と人間の相互作用、その総体を捉える視覚の欠落である。この欠落から生じる歪みは、例えば本報告で取り上げた子院界隈のゾーニングのあり方に端的に表現されている。図５で確認できるように、トポスやランドスケープを捉えるはずの名勝へのまなざしにおいて、しかし子院界隈は一まとまりの場として把握されずに分断され、その結果、子院の多くは「史跡東大寺旧境内」ではあるものの、「名勝奈良公園」からは外されている。近現代の法制度は、古来より一体であったはずの場所を捉えそこなっているのである。

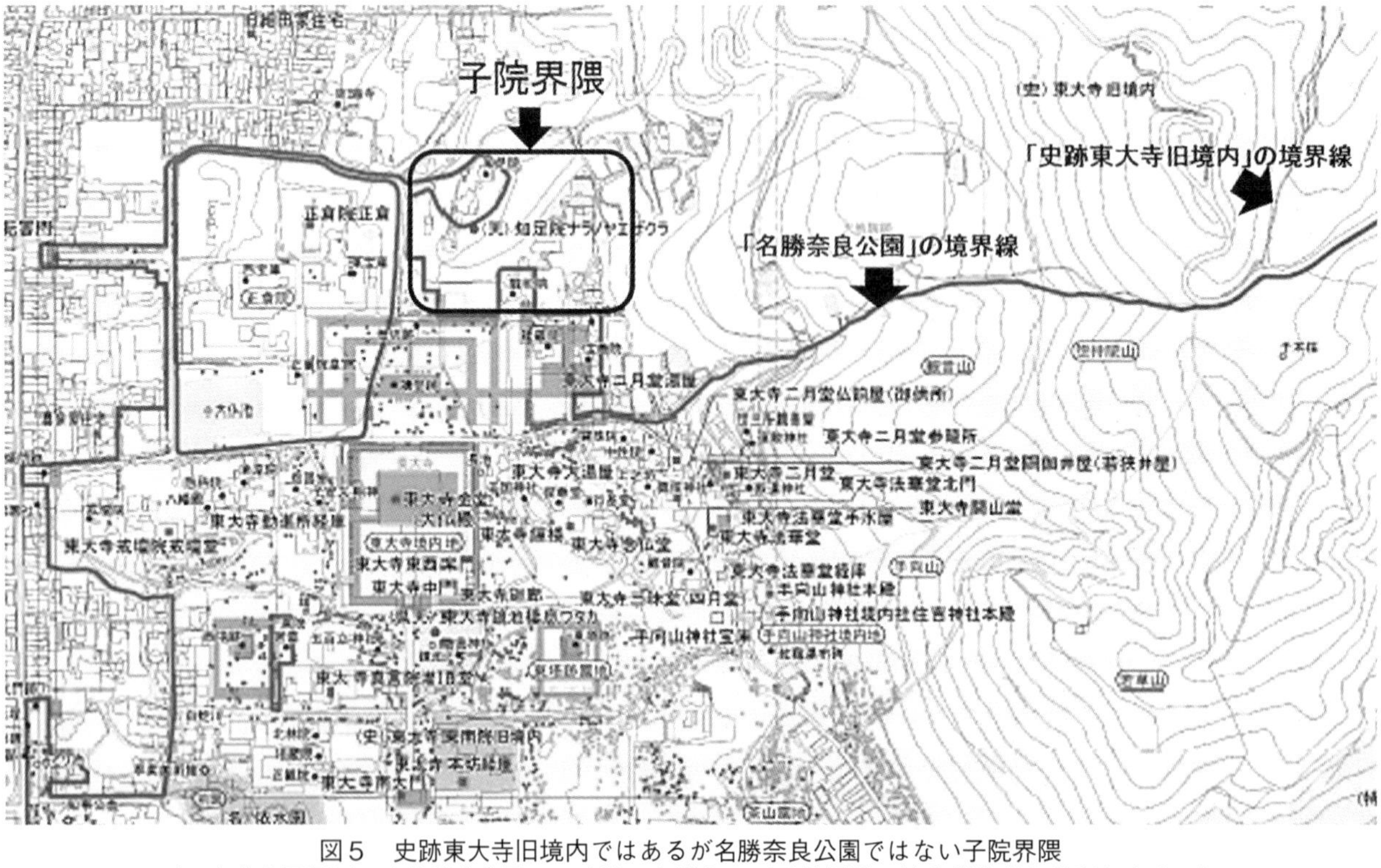


図５　史跡東大寺旧境内ではあるが名勝奈良公園ではない子院界隈
（※奈良公園周辺の文化財分布図に、史跡、名勝および子院界隈の線を報告者が付記したもの）

では翻って問題提起したい。東大寺境内地のランドスケープ特性とは何か。この土地において、自然と人間の関係性はどのように表出されているのか。何を保全し、何が継承されるべきなのか。最後にこの点を考察する。

## 三　総　括

ここに一枚の絵図がある。図6に示すこの絵図は、先に触れた「東大寺山堺四至図」模写本である。奈良時代（天平勝宝八歳）の東大寺境内地を描き出したものであり、いわば境内地の原型を伝えるものである。ここには何が描かれているのか。むろん、この図が東大寺の山堺を定める意図をもって作成されたものである以上、描かれているのは寺域を画する境界ではあろう。だが、それだけではあるまい。山堺四至図を詳細に研究した奥村によれば、この図からは一つの「世界観」が読み取れるのである。「寺域内の地形や構築物を用いて、絵図を実直に作成すれば、そこに寺域占定時の世界観が現れるのは必然の結果でもある」（奥村二〇一四：八六頁）。「山堺四至図が示す広大な寺域から、堂舎内の尊像一つの製作に至るまで、そこには東大寺が描いた世界観が貫徹していると筆者は考える」（同上：八九頁）。

東大寺は華厳宗の総本山、大華厳寺である。ならば、境内地というトポスは、華厳思想が具現化された場所と考えるのが自然である。奥村が指摘するように、絵図を実直に作成すれば、そこには華厳思想の世界観が映し出されること必定であろう。仏教学・歴史学の門外にいる報告者は、その思想を語るすべを知らない。ただ、絵図に描かれた境内地をランドスケープとして読み解くのみである。

ここには、何が描かれているのか。思うに、誰であれまず眼を惹かれるのは、「うねり」ではなかろうか。山がうねっている。水が、川が、山のうねりを作りつつ、山のうねりに添って、うねっていく。樹木たちが、山稜のうねりに合わせ、気の流れの中でうねっている。ただ、堂塔のみ、うねりの中で、静かにたたずんでいる。

この絵図のモチーフ、ここに描き出されたランドスケープの特性は、「脈」ではないだろうか。地の脈、水の脈、木々の脈、そして気の脈。幾重にも重なり合い、連なり合い、織り合わされながらうねりいく「脈」、そして脈のうねりを観想する堂塔、これがこの絵図の主題ではないか。トポスを脈において捉えること、場所も存在者もうねりいく脈に他ならず、そのうねりのただ中で、静かに脈の

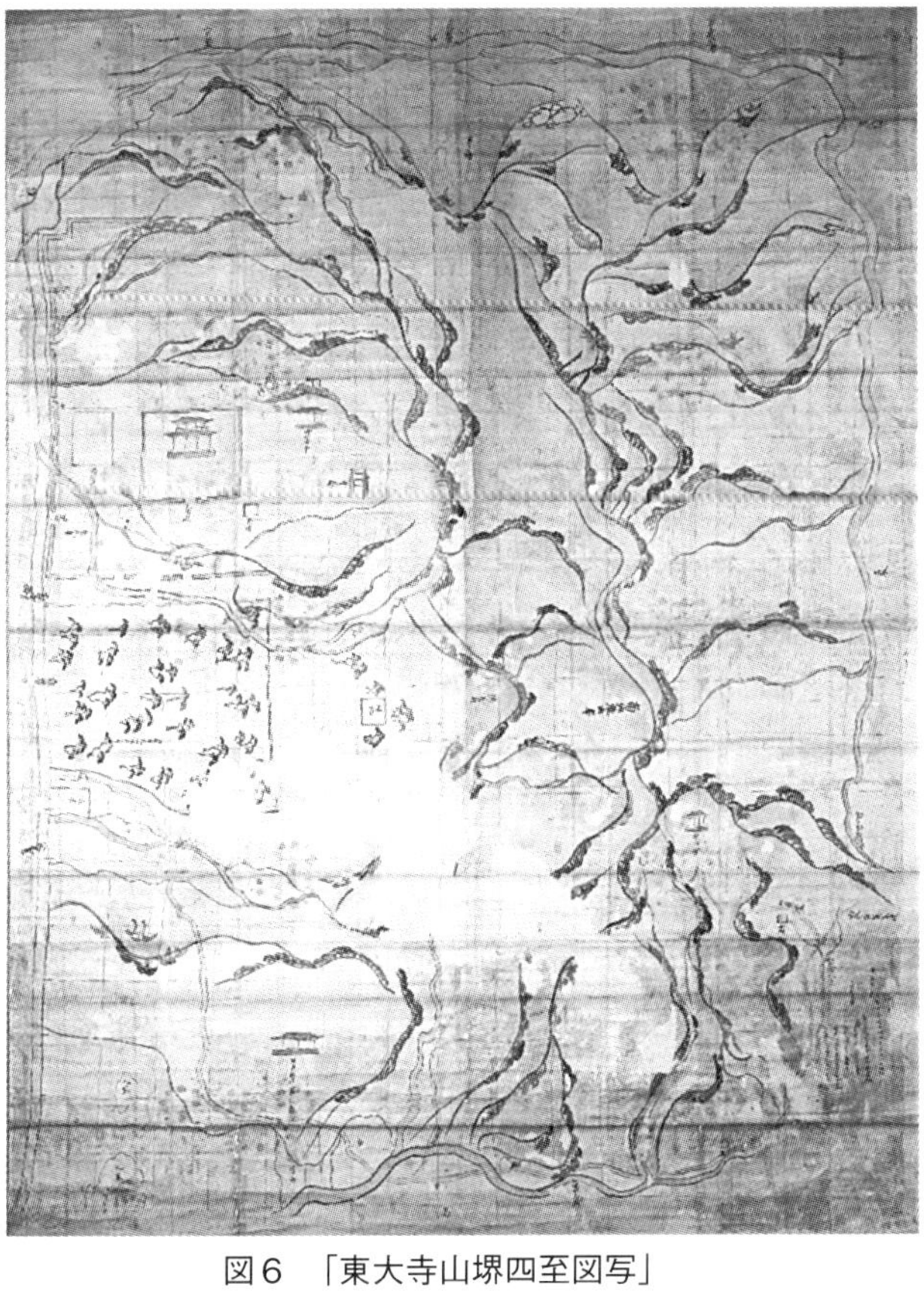

図6　「東大寺山堺四至図写」

全体を観想すること、これが華厳思想とどう関係するのか、しないのか。答えは、報告者に閉ざされたままである。しかし、門外に立つ者にも語りうることはあろう。何が華厳思想なのかは語れずとも、何が違うのかは語りうるように思われる。

上述した史跡へのまなざしが、もしもある事物を、全体の「脈絡」から切り離し、それ自体として存在するオブジェと見なすのであれば、それは華厳思想と相反するのではないか。また、もしも名勝へのまなざしが、直線的なゾーニングでその場の「脈絡」を分断し、機能的観点からエリア確定を目指すものであるのならば、それは華厳思想と相反するのではないか。

もちろん報告者は、近代的法制度による「遺産空間」の指定自体を否定するわけではない。しかし、何を保全し何が継承されるべきなのかは、その場所、その土地によって決められよう。主客が転倒してはならない。東大寺を畏敬し、その境内地の保全・継承を担う取組は、まず土地の来歴に耳を傾けるべきなのである。散在するオブジェを括るエリアとして史跡を捉え、直線的ゾーニングで脈を分断する。東大寺境内に限って言えば、これだけでは倒錯した保全のあり方と言えよう。脈を活かすこと、何よりも水脈を再生し、うねりを取り戻すこと。境内地が華厳思想を具現化した場所であるべきだとしたら、再生・保全の方向性は山堺四至図に描き出されている。

（いはら　ゆかり・奈良県立大学准教授）

**註**

（1）一般に「緑の国勢調査」と呼ばれ、全国的な観点から我が国における自然環境の現況及び改変状況を把握し、自然環境保全の施策を推進するための基礎資料を整備するために、環境省が昭和四十八年度（一九七三）より自然環境保全法第四条の規定に基づきおおむね五年ごとに実施している調査である。

（2）一九七四―七八年、一九七九―八三年、一九八四―八六年および二〇〇七年以降に撮影された計四枚の空中写真を使用した。

（3）例えば幕末期に描かれた岡田春燈斎「奈良名所東山一覧之図」（奈良県図書情報館所蔵）など

（4）ここで大々的に使用され始めた「公園」像としては、横浜や神戸などの外国人居留地での設置要求や、幕末・明治初期に海外使節団の見聞録に現れる一九世紀西欧都市の公園がモデルになっていた。しかし近年の研究結果では、公園設置の布告が出された主たる狙いは、このような洋風公園の実現を目指すものではなく、「公園」という文明開化の制度を用いることで、近代日本の土地改革における官民の土地所有の峻別化をスムーズに進める狙いが大きかったことが明らかになっている。

（5）同時期に指定されたのは、奈良公園と同じ明治六年（一八七三）の公園設置に関する布告に基づき、かつての大名庭園を基盤として誕生した茨城県の常磐公園、石川県の兼六園、岡山県の岡山後楽園、香川県の栗林公園の四公園のほか、奈良県の月ヶ瀬梅林、京都府の平等院庭園、大沢池附名古曾滝跡、天橋立、静岡県の三保松原、山口県の錦帯橋を含む計十一件であった。なお、名勝奈良公園には、大正十五年（一九二六）に風致保存上重要として未買収の隣接する民有地も仮指定され、昭和二年（一九二七）に正式に追加指定された。

（6）昭和四年（一九二九）、国道一五号線（現二四号線）の道路が狭かったため、東に移す新道が計画された。県も積極的であったが、このルートが東大寺境内地を横断するため、文部省や学者らが大反対し、計画は中止となった。この問題が、東大寺旧境内の史跡指定への大きな契機となった。

## 参考文献

井手久登（一九九五）「造園からランドスケープへ—日本造園学会七〇年のあゆみ」『ランドスケープ研究』五八—四、日本造園学会
井原縁（二〇一五）「奈良の近代と公園—『公園』を考える」『庭園学講座XXⅡ　古都の風景と庭園』京都造形芸術大学日本庭園・歴史遺産研究センター
大久保信治（一九八四）『奈良の庭園』奈良市
奥村茂輝（二〇一三）「東大寺山堺四至図の基礎的研究—絵図の南半分を中心に—」『佛教藝術』三三一、毎日新聞社
奥村茂輝（二〇一四）「東大寺山堺四至図の基礎的研究（二）—絵図の北半分を中心に—」『佛教藝術』三三五、毎日新聞社
小野良平（二〇〇一）「小石川後楽園にみる庭園と都市との相互的関係に基づく歴史的庭園の歴史性に関する考察」『ランドスケープ研究』六四—五、日本造園学会
小野良平（二〇〇三）『公園の誕生』吉川弘文館
小野良平（二〇〇八）「三好学による用語『景観』の意味および導入意図」『ランドスケープ研究』七一—五、日本造園学会
小野良平（二〇一二）「『ランドスケープ遺産インベントリーづくり』の目指すところ」『遺跡学研究』九、日本遺跡学会
黒田乃生・小野良平（二〇〇四）「明治末から昭和初期における史蹟名勝天然紀念物保存にみる『風景』の位置づけの変遷」『ランドスケープ研究』六七—五、日本造園学会
白幡洋三郎（一九九五）『近代都市公園史の研究』思文閣出版
重森三玲・重森完途（一九七六）『全国庭園所在一覧他　日本庭園史大系三五（別巻第二巻）』社会思想社
田中正大（一九七四）『日本の公園』鹿島出版会
田中正大（一九八一）『日本の自然公園』相模書房
永島福太郎（一九八二）「名勝地と公園地」『日本歴史』四一一、吉川弘文館
奈良県（一九二八）『奈良縣史蹟名勝天然記念物指定地要覧』奈良県
奈良県（一九七二）『奈良県史跡名勝天然記念物集録一』奈良県教育委員会
奈良県（二〇一一）『名勝奈良公園保存管理・活用計画』奈良県
奈良公園史編集審議会（一九八二）『奈良公園史』奈良県
奈良市史編集審議会（一九九五）『奈良市史　通史四』奈良市
奈良六大寺大観刊行会（二〇〇〇）『奈良六大寺大観　補訂版九東大寺一』岩波書店
日本公園百年史刊行会（一九七八）『日本公園百年史—総論・各論』日本公園百年史刊行会
平澤毅（二〇一〇）『文化的資産としての名勝地』奈良文化財研究所
平澤毅（二〇一四）「公園に生きる歴史文化資産」『公園緑地』七五、日本公園緑地協会
平澤毅（二〇一五）『名勝地保護関係資料集』奈良文化財研究所
森蘊・牛川喜幸（一九六〇）「東大寺造営当時の自然地形について」『大和文化研究』五—四、大和文化研究会
森蘊・牛川喜幸（一九六一）「南都の庭園と春日野の地形と水系」『大和文化研究』六—一九、大和文化研究会
森蘊・牛川喜幸（一九六七）「結界の立地的考察」『南都佛教』二〇、東大寺図書館
森蘊（一九六四）『日本の庭園』吉川弘文館
森蘊（一九七一）『奈良を測る』学生社
森蘊（一九七三）『庭ひとすじ』学生社
森蘊（一九八四）『日本史小百科　庭園』近藤出版社

## 図版の出典等

図1　空中写真を重ねた国土地理院提供の標準地図に、報告者が河川Ⅰ～Ⅲを付記。
図2　空中写真を重ねた国土地理院提供の標準地図に、報告者が河川Ⅳ～Ⅵを付記。
図3　森蘊・牛川喜幸（一九六〇）「東大寺造営当時の自然地形について」に掲載された「東大寺旧境内地形実測図」転載。報告者が河川を彩色。
図4　東大寺所蔵。報告者が現地踏査を行った4子院の位置を●印で記入。
図5　平成二十二年（二〇一〇）十二月二十二日実施「第一回奈良公園地区整備検討委員会」における資料二「5．周辺の文化財分布（平坦部）」をベースに、史跡、名勝および子院界隈の線を報告者が付記。
図6　東大寺所蔵。
写真1～写真4　いずれも現地踏査の際に報告者が撮影。

## 付記

本報告論文にあたっては、多くの方々のご理解とご協力に支えられた。上司永照東大寺教学執事には、塔頭調査の実現にご尽力いただき、また多大なるご教示を賜った。東大寺知足院、龍松院、宝厳院、龍蔵院の各塔頭の皆様には、生活の場である敷地に快く入れて頂き、庭園に関する貴重なお話を聞かせて頂いた。栄原永遠男東大寺史研究所長（大阪歴史博物館館長）には、一貫して多大なるご助力を賜り、また東大寺境内地の来歴に関して示唆に富んだご助言とご教示を頂いた。また坂東俊彦東大寺史研究所研究員、中西俊英東大寺華厳学研究所研究員はじめ東大寺図書館の皆様にも、温かく迎えて頂き、快く調査にご協力いただいた。皆様のお力添え無くしては、何ひとつとして論じることはできなかった。心からの感謝の思いを込め、御礼を申し上げたい。

# 全体討論会「仏教文化遺産の継承―自然・文化・東大寺―」

平成二十六年（二〇一四）十一月二十三日


進　行　木村　清孝（華厳学研究所・東京大学）
パネラー　金田　章裕（京都大学）
橋本　聖圓（東大寺長老）
奥村　茂輝（公益財団法人大阪府文化財センター）
岡田真美子（兵庫県立大学・中村元記念館東洋思想文化研究所）
小池　富雄（鶴見大学）
井原　縁（奈良県立大学）


**司会**　昨日からの基調講演・特別講話、それから本日の研究報告を受けましての総合討論ということになります。これから、一時間半、最後までよろしくお願いいたします。ＧＢＳの実行委員長で東京大学名誉教授の木村清孝先生に、総合司会をお願いしております。どうぞよろしくお願いいたします。

**木村**　昨日から引き続いて、それぞれの先生がたに充実した、内容の濃いご発表をいただきました。あっという間に時間がたって、最後の総合討論の時間となりました。これから、一時間三十分の予定で、総合討論を進めさせていただきたいと思います。お聞きいただいている皆さま、どうぞ最後までお付き合いくださいますようお願いいたします。

まず、今回のタイトルは、すでにご存じのとおり、「仏教文化遺産の継承―自然・文化・東大寺―」です。わかるようで、よくわからないタイトルだな、と感じられた方もいらっしゃるかもしれませんが、今回は、東大寺が世界遺産に認定されていることを踏まえ、こういう大きな題を掲げて、シンポジウムを開かせていただいた次第です。ただ、正直申しまして、私自身も、それぞれの先生がたのお話がどんな形でかみ合ってくるのか、ちょっと心配をしていたところもございます。けれども、各先生方のお話しをお聞きして、しっくりと相互に結び合うような、ネットワークができるようなシンポジウムになったと感じております。

それでは、最初に、ご発表をいただきました先生がたの中で、この点について少し言い足りなかった、ここをちょっと補っておきたいということがありましたら、お話をしていただきたいと思うのですが、いかがでしょうか。

よろしゅうございますか。では、早速、討論に入りたいと思います。まず、フロアから何人かの先生に対してご質問を頂戴しているので、それにお答えいただきたいと思います。

ご講話、ご講演、そして研究発表の順番に従ってお願いいたします。まず金田先生にいくつかご質問が来ております。すでに先生のほうで整理していただいているかもしれませんが、問題といたしましては、第一には、地図というもの、特に古い時代の地図というものの価値観というのでしょうか、その見方についてのご質問です。それから、第二には、東大寺の荘園がいくつも出てきましたが、その目的性に関するご質問、もう一つは、東大寺の開発について、開発とはどういう意味なのか、これは、東大寺のさまざまな意味における活動といいますか、あるいは、勢力の拡大といいますか、そういうものとも関連しているのでしょうが、東大寺による開発が周辺環境にどんな影響を与えたのか、といった質問です。

では、関係する問題は纏めてお答えいただいてけっこうですので、金田先生、よろしくお願いいたします。

**金田**　失礼いたします。話がごちゃごちゃとしておりまして、申し訳なく思っておりますが、まず、いただきました質問のうち、地図について、特に八世紀の荘園図を取り扱う、基本的なところをご質問いただいております。これは、ご指摘のとおりで、当時の世界観を反映しているとか、当時の技術を反映しているとか、いろいろなことがございます。したがって、それを現代の、正しいかどうかという目で見ると、おかしいのではないかということですが、それは、そのとおりなのです。実は、そのとおりのものを現代人が誤解して使っている、ということがしばしばあったというのが一つ背景にございます。つまり、さきほどの山堺四至地図でもそうですが、ほかの東大寺の開田地図と称されている地図類でも、非常に見事に描かれているわけです。ほんとうに正しく描かれているように見えます。ただ、見えるのですが、それは、現代の地図のような形ではない、ということを一つ前提に置きたいのです。それでは、その地図がいったいどういう構造を持っていて、そして、それがどのような過程で表現されていて、どういった思想を反映しているのか、それを知るための手続きとして、いろいろなことを、表現されていることを、わからないことを、なんとかわかろうとしたいというのが、どうも研究者としての性みたいなもので、わからないものがあると、どうも落ち着かないというところがございます。そういうわけで、多少そういった方向が入っているのですが、基本的には、地図を作成するときの構造を明らかにして、それを通して理解をしたいということでございます。

したがいまして、ご質問のとおりなのですけれども、特に、われわれは、大まかに言うときには、「古地図」という表現をいたします。これは、前近代の、日本で言うと、だいたい明治以前ぐらいの地図類を言うのですが、そういった地図類は、尺度とか、何をどういうふうに表現するのだとか、現代では縮尺とか凡例とか簡単に言いますが、そういったものが、明確に、明示されていないのです。ですから、それはいったい、どこにキーが隠されているかを捜さないといけないということがございます。したがって、そういう古地図の、一般的な特性を踏まえて、その成立の構造を明らかにしたいという姿勢で研究してきましたし、その一端をお話しすべきところだったのですけれども、なかなかうまい具合に表現できなかったので、そういったご質問に結びついたのだろうというふうに思います。ご指摘、どうもありがとうございます。

それから、また、東大寺の荘園経営が、いったいどういう意図のもとに行われていたのか、その結果がどうであったのかということが、もう一つの質問の文脈にあると思います。なぜ、そのように東大寺がたくさんの荘園を経営したのかというと、一つは、これはご指摘の中にもありましたが、あきらかに当時の寺院経済のサポートというか、経済的な基盤をつくるということに大きな目的があったことは間違いないと思います。特に東大寺領の荘園は、近い所では、全部陸路で来る所にあったのですが、遠い所の荘園は、全部水運を使うことができる所が選ばれていました。越前にしても越中にしても、全部、日本悔の水運を使って運べたわけです。そうでないと重いものは運べません。特に米などは、たいへんです。それから、阿波国もそうですが、それから、日本海側にも、山陰地方にもありましたけれども、そういった所も水運を使うことができる所に立地していた。ですから、経済的な寺院経営の基盤としての荘園経営というのが、基本にあることは間違いないと思います。

ただ、ほんとうにそれだけだったのかということに結びつくと思います。ご質問の一つに、民を生かすという名目があったのかどうか、というのがございました。正直なところわかりません。つまり、明示的には、どこにも書かれていないので、わからないのです。が、いくつかの状況を挙げると、荘園経営をするために、地元のほかの有力者と利害がぶつかって、問題を起こした例、たとえば、溝の使い方についての論争の記事などがあるわけです。したがって、そのようなことがあり、一般庶民、当時「公民」と呼ばれていた農民たちがいるわけですが、基本的にそういう人たちの声が、歴史的な史料に残っているということ自体が少ないので、非常にわかりにくいのですが、そういう庶民が、荘園に、たとえば労役に駆り出されて苦労したとか、そういったことは全然ございません。そのような記事はありませんので、おそらくプラスアルファの労役をして、何らかのプラス収入を得る機会になったのだろうということは間違いないと思います。ただ、当時の東大寺領荘園の経営の基盤は、そういった公民と呼ばれる一般の農民が多かったと思いますが、その人たちは、鍬とか鎌とか鋤とかの農具は、自分のものを持って働きに来ていたようで、経営基盤の荘園の管理事務所に相当する荘所には、そういう農具をたくさん備えていたという記録はございません。私がたいへん気になったのは、非常にたくさんのお椀とか大きな鍋があったことです。ですから、ひょっとしたら、おかゆなどを大量に炊いて、食料を供給していたのかもしれません。実際、食料供給だったのか、工事が終わったあとに宴会をしたのか、私にはよくわかりませんが、そういう記録が残っています。

それから、そういった開発が、はたして、周辺環境にどんな影響を与えたのかというご質問もあります。それは、すでに開発されたものを寄進を受けた場合と、新たに開発をした場合とで、違いがあると思いますが、基本的に、未開地を開墾するということは、当時の日本各地にたくさんあった未開地を開拓しているわけなので、とりわけ大きな環境問題ということには結びつかないように思います。

特に日本の場合は農耕ですので、たとえば、わざわざそのために森林の伐採をするとか、そういったことをやっているとは思えませんので、大きな、環境に対するインパクトはないのではないかというふうに思っております。

むしろ、東大寺が、荘園経営を通じて、その地に対して、いろいろな、仏教のいろいろな思想の普及だとか、それから、知識人がそこに行くことによる、そういった大きなインパクトはあったに違いないと思われます。たとえば、越中国の砺波郡の東のほうで、非常にたくさん荘園が集中している所があります。石粟荘と伊加流伎荘と井山荘という、荘園が三つくっついて存在した所です。そのすぐ東側の山の上に、千光寺というお寺があり、そこが古い開基伝承を持っているのですが、これが途中で伝承が変わっているところがあります。いちばん古い開基の伝承のお坊さん、ちょっと、いま、名前を失念したのですが、富山大学の鈴木先生という人が、名前を捜していたら、東大寺の僧の中に同じ時代に同じ名前を見つけたというふうなことがあったそうです。ただ、それが、ほんとうに同一人物であるのかどうなのか、よくわからないという話でしたが、そういったこともございます。したがって、それが事実であるとするならば、そういう荘園経営が行われた地域における寺院の開基にも結びついている可能性もあるというような、あくまで可能性でありますが、そういったこともあるというふうに思います。

ちゃんとした答えになっていないかもしれません。記憶に不十分なところがあるのですが、少し思い出すところをご紹介いたしました。

**木村**　どうもありがとうございます。いま、先生のお話をお聞きしている中で気になったのですが、お椀とか鍋、それらは、荘園経営をしている所にあったのですか。

**金田**　荘園の、荘所ですね。たまたま荘園図はないのですけれども、越前国の坂井郡に、桑原荘という荘園があったのですが、その荘園の荘所に、何があるかという物品目録をつくったということがありまして、そこの中に出てまいります。

**木村**　ああ、そうですか。仏教には、斎《さい》、おときの「とき」と書くのですが、その習慣があります。今ちょっと思ったのですが、もしかしたら、その荘園経営にかかわって、そういうことがなされていたのでしょうか。ようするに、食事を提供する場としての斎会《さいえ》があり、そこで用いられた、といったことですが……。

**金田**　特に椀の数なのですが、非常に多い。数は、思い出せないのですけれども、非常に多いのです。

**木村**　ということは、少なくとも直接荘園に関係がある人々だけではなさそうですね。斎会《さいえ》の実施が一つの可能性として考えられるということは、何かほっとさせるものがありますね。ありがとうございました。

では、次のご質問に移りたいと思います。これは、どなたにということではないのですが、まず、私は、橋本長老さまにお聞きをして、さらに、もしもほかの先生がたで、どなたかご意見、ご見解があれば、お聞きしたいと思うご質問です。二つございます。

一つは、実忠和尚のことに関してで、役割というか、実像といいますか、どういうかただったのだろうかということについてのご質問です。別に、いわゆる学侶に関連して言われているのだと思いますが、東大寺の性格として、いまの国立大学に相当するような、教育機関ないし教師養成機関としての役割があったのかどうかというご質問もあります。また、その中身として、後に「八宗兼学の寺」とよばれるような仏教学への取り組み方が伝統的に見られるのかどうか、このあたりもお聞きしたいそうです。

**橋本**　實忠和尚のことは、あまり詳しくは分からないのですが、インドから来られた方だという伝説もあるのです。二月堂の修二会には、達陀《だったん》の行法のように、エキゾティックな感じのするのがありますので、そんなことがいわれたのかもしれませんが、確証があるわけではありません。信ずるに足る史料としては、弘仁六年に自ら記された「東大寺権別当《ごんべっとう》實忠二十九ヶ條事」というのがありまして、平安時代の末に編纂された『東大寺要録』に収録されているのです。この『要録』は東大寺の正式の寺史とされているものです。この書物には、伝承に類する話もいろいろ載っていますので、信憑性が低いと見なされることがあるのですが、編纂当時に実在していたことについての記述も含まれていますので、よくあるような権威付けのために作られた文献とは一線を劃するものだと思います。東大寺要録研究会が、個々の文献について詳しい検討をされているところですので、その成果が公にされるのを楽しみにしているのです。實忠和尚の二十九箇條事も、編纂当時に自筆本か、あるいは写本が存在していたようですし、箇条書きに記されている内容についても、昨日お話しました山岸常人さんの論文で論証されているように、信憑性の高い史料であることは間違いないと思います。それで、箇条書きで列挙されていることがすべて實忠和尚一代の間の業績であるとすると、活動範囲が実に広範多岐にわたっていることに驚かされます。寺内の役職としては、表題にも見える「東大寺権別当」のほか、「寺主《てらじゅ》」、「上座《じょうざ》」、「少鎮《しょうちん》」などを勤めて、僧位としては「傳燈大法師」であったとされています。その頃の諸寺の役職は、「上座」「寺主」「都維那《ついな》」が「三綱《さんごう》」とよばれて、寺内を取り仕切ることになっていたのですが、いつの頃からか三綱の上に「鎮」あるいは「大鎮」「少鎮」という役が置かれたり、寺の代表者が別当と呼ばれるようになったりしているのですが、その経緯は私にはよく分かりません。そのような役職よりも、業績として目立っていますのは、大仏殿や東塔その他の造営に実務的な手腕を発揮されていることと、十一面悔過や涅槃会、一切経奉読などの法会を開催して、実践行にも努力されていることですが、その一方では教学面でも実力があったらしく「華嚴供大學頭《けごんくだいがくとう》」を二度にわたって勤められています。このように多方面で活躍された方で、実に驚嘆の外はありません。

それから八宗兼学の伝統についてですが、東大寺は最初六宗兼学の寺でした。日本には古くから十近くの「宗」が（古くは「衆」の字が使われていましたが）、整理統合が行われて、大仏造営の頃には、多くの寺に六つの宗がありました。「南都六宗」と呼ばれるようになったのがそれですが、東大寺では、天平勝宝三年に、法相、三論、倶舎、成実、律の五宗に、大学頭、少学頭、維那《いな》の役に就いている人の名が分かっていますし、華厳に関しては、前身寺院の金鐘寺（金鍾寺）の時代から華厳経の講説をする組織が活動を続けていますので、華厳講説の組織がそのまま華厳宗の組織として働いていたようです。つまり大仏開眼供養会以前、既に六宗兼学の寺としての機能が整っていて、仏教のすべての立場について勉強ができるようになっていたのです。のちに天台宗と真言宗の組織ができて、八宗兼学の寺と呼ばれるようになるのですが、それは平安時代に入って東大寺の規模が大きくなり、多くの学僧を擁するようになってからのことです。これら六宗乃至八宗の中で最も重んじられたのが華厳宗で、華厳の教主とされる盧舎那（毘盧遮那）仏が本尊として祀られているわけですが、金鐘寺をはじめ、福寿寺、中山寺、天地院などの前身寺院では、その頃僧侶の当然の務めとされていた経典や注釈書の書写と研究が行われる一方で、古密教系の観音信仰も行われていて、十一面観音や千手観音、不空羂索観音を祀って修法や祈禱をしていたようです。今でも、二月堂、法華堂の辺りが観音霊場として信仰を集めていますが、その遙かな起源が、東大寺成立以前にまで遡るのです。我が国では古くから、僧侶はお寺に籠もってお経の勉強に専念すべきものと考えられていまして、民間に信仰を弘めたり、まして山野を跋渉して修法をしたり、祈禱をしたりすることは禁じられていたのですが、奈良時代の中頃には規制も緩くなっていたようです。古密教系の信仰が拡がって、修法の力で病気を治したり、雨を降らしたりする霊力を持った僧が尊重されるようになりました。持戒堅固で、かつ病気平癒の霊力を持つ僧が宮中に招かれて、天皇の病気平癒を祈ることもありました。先程、東大寺では大仏開眼に先立って六宗の組織ができていたと申しましたが、大仏殿や東西両塔、講堂、三面僧坊などが建ち並んで多くの僧侶が活躍するようになるのは、まだまだ先の話で、その頃の伽藍中心部は工事の真っ最中でした。そのような中で、華厳を中心とする教理研究や、写経に依る教学資料の充実に努めていたのは、羂索堂、今の法華堂とその周辺を拠点として活動していた人たちで、その頃に東大寺の僧といえるのは、その人たちだけだったと思うのです。そのことは第七回のシンポジウムで申し上げたのですが、永村眞さんの論文では、「上院僧団」と呼ばれています。その僧団の中で特に活動が目立つのが良弁僧正とその門下の人たちで、實忠和尚は良弁僧正の弟子の中では比較的遅く活動された方です。平安時代の中頃になると、寺内の僧侶の間に階級制度のようなものができて、教理研究を専門にする学侶が力を持つようになって上位に立ち、堂方などを圧迫するようになるのですが、古くはそのような差別がなく、実際には今も申しましたように山林修行や祈禱に力を入れる人もあったのですが、寺内に籠もってお経の勉強をする僧が正統的な存在と見なされることには変わりがありませんでした。ところが實忠和尚は、華厳の教学にも精通する方であったようですが、造東大寺司に出向して大仏殿や東塔その他の造営に関与して多くのめざましい業績を挙げておられますし、諸衆を率いて十一面悔過など幾つかの法会を推進して、実践行についても大きな業績を遺しておられ、造寺司の知事や東大寺の寺主、上座、権別当の役職にも就いて行政的な仕事もされるという具合で、非常に幅の広い活躍をしておられるのです。イタリア・ルネサンスの巨匠を思わせるような多彩な才能と実行力の持ち主ですが、個々の僧侶の役割があまり限定されていなかった創建期の東大寺であったからこそ、また羂索堂とその周辺にある程度の規模を持った僧侶集団が存在したからこそ、あれほどの活躍がおできになったという事情も、あったのではないでしょうか。

**木村**　詳しくお答えをいただき、ありがとうございました。それでは、ほかの先生がた、どなたか、いまの実忠和尚、あるいは八宗兼学のことについて、付け加えてご意見はございませんでしょうか。

もしもなければ、私から少し補足させていただきます。のちに東大寺には、ご存じのかたも多いでしょうが、鎌倉時代になって、凝然大徳が出られます。戒壇院に長く住いして、八宗を兼学され、華厳関係、戒律関係を中心に多くの著作を遺しておられますが、『八宗綱要』はとくに有名です。仏教史を概観し、八宗の要点をまとめ、さらに新興の禅宗や浄土宗にも言及された、一種の仏教概論で、著述されたときの年齢は数えでまだ二十九歳です。これは一例ですが、こういうすばらしい学僧たちが東大寺からは輩出しているのです。

ちなみに、『八宗綱要』というテキストは、いまも仏教学の世界では大事にされており、鎌田茂雄先生の手になる文庫本も出版されていますので、ご関心がおありのかたは、ご覧いただければと思います。

それでは、次へ進めさせていただきます。奥村先生に、ご質問が二つほど来ております。一つは、さきほどからお話に出ている「山堺四至図」と同類の、寺域とか神域を示した、そういう図というのが、ほかにあるのでしょうかというご質問です。もう一つは、ちょっと専門的になるかもしれませんが、これに出てくる川との関連で、参道ルートに関するものです。これら二つのご質問について、お答えをお願いしたいと思います。

**奥村**　まず、「山堺四至図」と同様の絵図があるのかどうかということですが、結論を先に申しますと、ございません。もう一枚、あえて言うならば、額田寺（額安寺）の絵図を挙げることができます。大和郡山市にある額田寺というお寺が、「額田寺伽藍並条里図」という絵図をかつて持っていたのですが、それは、宝亀年間のものです。「東大寺山堺四至図」が描かれた天平勝宝八歳よりも十年以上後に描かれたものです。ただ、おそらく目的が違っていて、「額田寺伽藍並条里図」というのは、基本的に、その額田寺の周辺に存在する田地、墾田をそのままかいたもの、要は墾田を証明すると同時に、伽藍を証明するという目的があって、これは、いわゆる、班田図の類だというふうに考えてもいいと思います。したがって、宗教性を背景に持つ寺域を証明している「山堺四至図」と、同じ性質かと言えば、若干異なるのです。それ以降になると、お寺の絵図というのは、数多く作られています。

たとえば、寺域や神域を描いたものとして、著明な例を挙げると、鎌倉時代のものになりますが、神奈川の金沢文庫の近くにある称名寺というお寺が、「称名寺結界図」というのを持っています。それは、寺域をかいた絵図の中に赤線で結界を描いているのですが、その結界が何を示しているかというと、お寺の僧侶の中で、布薩に参加すべき人たちが住んでいる範囲を、その結界の赤線で囲んでいるという図です。ただし、これも、典型的な結界を引くもので、さきほどの森蘊先生が表現したように、「山堺四至図」を結界図というふうには、私はあえて呼びません。寺域を表した絵図としては、大げさに言えば「東大寺山堺四至図」は世界で最古のものと言っていいと思います。

それからもう一つ、参道に、どのようにして入ったのかという問題です。「東大寺山堺四至図」には、それぞれ門の記述があり、文字は書かれていないのですが、南大門、それと東塔院門、それと西塔院門、この三つ、これは南面築垣に、築垣がオープンになる形で描かれています。それとは逆に、文字が書かれている門として、西面築垣に、西大門、中門、佐保路門というふうに、佐保路門はいまの転害門に当たるのですが、それらが書かれています。その中でも、実際に聖武天皇、光明皇后らが参詣した場所は、確実に言えるのは、勅額がかかっている西大門です。では、西大門からどのようにして大仏殿に入ったのか、という問題が出てきます。その前に、南大門から北上するルートを考えたいと思います。結論を申しますと、南大門から入ったというルートは、おそらく「山堺四至図」が描かれた段階ではなかったと思います。南大門は造られていたのかもしれませんが、南大門から入るルートは主たる参詣ルートではなかった。それは、なぜかと申しますと、「山堺四至図」では、南大門の北側に、山の描写があるので、その山を切り通して路を造る、ないしは、山をえっちらおっちら登る、ということをしなければ、南大門から大仏殿に参詣することはできないのです。したがって、おそらく、南大門から入ることはなかったと思われます。

　話を戻しますが、西大門からどのようにして大仏殿まで行ったのかというのは、おそらく吉城川を渡る橋が架かっていたのだと思います。なぜかと言いますと、山堺四至図には、実際に橋があったであろう場所に、橋の描写が一つもないからです。絵図を見れば、能登川や佐保川が路と交差している所がいくつもございます。たとえば、佐保川であれば、佐保寺に向かう佐保寺路という路が、何度か佐保川と交差する所があるのです。実際、佐保川はけっこう蛇行しているので、その蛇行している箇所におそらく橋が架かっていて、そこを渡ったのだろうと思われます。絵図では佐保川と佐保寺路が交差する描写がされていますが、実はそこには、あったはずの橋は描かれていないのです。同じことが能登川と、香山堂に向かう、山坊道との関係でも言えます。山坊道は、能登川と何度も交差していますが、ここでもやはり橋は描かれていません。あのあたりは、いまでも普通にハイキングで歩けるので、実際歩けば、ちょっとした橋が架かっている箇所があります。このように山堺四至図には、橋は描かれていないということを考えると、べつに西大門から大仏殿の南に行くまで、橋が架かっていたと考えてもいいのではないかと私は思います。もちろん、西塔を北に回るというような大それたルートは考えにくいので、西塔を左手に見ながら、西へそのまま、大仏殿の手前で中門に辿り着く、というルートを、私は想定しています。

**木村**　どうもありがとうございました。いちおう、フロアからいただきました先生方へのご質問は以上でございますけれども、いまの問題について、他の先生から何かございますか。

**金田**　私は、古地図にちょっと関心があるものですから、申し訳ないのですが、付け加えさせていただきます。「額田寺伽藍並条里図」というのは、国宝に指定されていて、いま国立歴史民俗博物館にあります。その復原模写が作られていて、それも同じようにそこにあるのですが、あの地図の特徴は、いまのご指摘のように、伽藍も描いてあるのですが、周辺の事柄もかいてあって、どうも、かなり、寺領の結界というか、周辺を意識しているようなのです。寺領の丘、額田部の丘陵がありますが、その丘陵にある屋敷など、全部かいてあるわけではないのですが、境界付近だけがきちんと明示してあります。たとえば、何か石があるとか、屋敷があるとか、いろいろなことがあることから、かなり、そういう寺域とその周辺の領域を意識した構造になっていると思います。ただ、ご指摘のように、周辺の田地も、ため池とかいろいろなものがかいてあります。やはり、寺領を示す図であるという点では、東大寺の荘園図などと同じような方向性を持っていて、班田図とは、そうとう性格が違うと思います。

それから、寺域について描いた地図というのは、いろいろあるのですが、たしかにいまのご指摘のように、鎌倉時代ぐらいになると、いろいろな所のものがあって、たとえば、西海道の讃岐の国の善通寺の伽藍を描いたものなど、いろいろあるのですが、やはり、その頃になると、名称を忘れましたが、西大寺のものもあります。奈良の西大寺のものです。そして、鎌倉時代以降になりますと、かなりの数が出てきますし、特に中世の後半から近世のはじめにかけて、寺院の境内とかに、参詣曼陀羅と称する、参詣のための、あるいは、いろいろな信者の案内のや説明のための地図がたくさんつくられました。おそらく江戸時代の初め頃は、その一つのピークになるのではないかというふうに思われます。いずれにしても、「東大寺山堺四至図」は、もっとも古くて、そういう意味ではご指摘のとおりのものだというふうに思います。

ちょっと余計なことを付け加えました。

**木村**　金田先生に、ただいまの問題について、大変貴重な補足をしていただきました。ありがとうございました。

フロアからの最後のご質問は、先生がたにというのではなくて、なぜか私へということなのですが、ある意味でとてもおこたえするのが難しい。それは、三十三という数のことで、なぜ仏教では三十三という数を大事にするのか、よく三十三に纏めるのか、というご質問です。具体的に何を念頭に置いてご質問されたのかはっきりしませんが、確かに三十三も、仏教でよく用いられる数の一つといえます。しかし、この数だけが突出して大事にされてきたというわけではありません。たとえば、『華厳経』とそれをよりどころとする華厳宗の場合だと、何といっても十が重視されます。十という数がその教えの中に出てくるのは、量的にも多いですし、質的にも非常に重要な教義で、十にまとめるということが行われています。また、仏教一般で申しますと、七という数でまとめることもしばしばあります。身近なところでは、人が亡くなった後の七日ごとのご供養がありますね。しかし、これらだけではなく、三でまとめる三法印、四でまとめる四諦、八でまとめる八正道、というように、さまざまなケースがあるのです。

このご質問にある、三十三と数える例でいま思い出しますのは、インド以来のいわゆる須弥山説で、帝釈天が司る須弥山の頂上に位置する欲界の第二天である三十三天（忉利天）、『法華経』の観音普門品にもとづいて立てられる三十三観音、内陣の柱間の幅に由来する京都の三十三間堂（本尊は千手観音）などです。また、ほかに、日本では一つの成仏説として、三十三回忌のご供養によってどんな人もかならず成仏するという信仰が、かなり広く伝えられてきています。

このように、たしかに一つの流れとして、三十三という数に依存し、これで何かを一括りにするということがあります。けれども、なぜそうなのかということになると、本当のところはよくわかりません。ただ、日本でこの数が大事にされてきた一つの源流に、前述の『法華経』の教説があることは確かなのではないでしょうか。

以上、お答えになっているかどうかわかりませんが、私の考えを申し述べさせていただきました。

では次に、わたくしからの質問という形を取らせていただきたいと思います。まず、岡田先生にお聞きします。先生はご自身の発表の直前までデータを組み込んで、文字通り最新のご発表をいただいたのですが、最後の井原先生のご発表は、発表順の関係で組み込めなかったですね。ただ、井原先生のお話は、先生の宗教観、とくにご専門の環境宗教学とのかかわりで、いろいろ考えるところが多かったのではないかと思います。そこで、主にランドスケープ論との絡みで、井原先生のご発表に対するご感想なり、ご批判なりを頂戴できればと思うのですが……。

**岡田**　ありがとうございます。たいへんすばらしい質問だと思います。

全般にわたって、非常に刺激を受ける素晴らしいご発表でしたが、特に私のこころに強く残ったのは子院の庭園池をどう見るかというところです。これが地域の水環境において、そのような役割を果たしていたという見方は、井原先生以前にもされてきたのでしょうか。そしてまた、放棄地に対してそれが、またどういうふうに影響しているのかというような井原先生の研究手法に、非常に刺激を受けました。同じ庭園の池というものを見ていても、そういう調整池という観点はなかったので、これは素晴らしいと思いました。いま池の水が枯れているところを見ると、少し地域とのつながりが希薄になっているのかというふうに感じたのですが…。ですから、東大寺さまというと、ほんとうに大きな大寺なので、地域で高くそびえていらっしゃるというような印象がありますが、実は非常に地域に密着して、支配階級だけではなくて、ほんとうに奈良という地に根を下ろして存在していらっしゃった、そういうお寺だったんだなというのを強く感じました。

もう一つは、近代法と、寺院環境、寺院を含む地域環境という問題をすごく意識いたしました。ですから、「脈」というものを中心に据えたような地域のランドスケープのデザインを、これからは近代法と折り合いをつけながら、どういう形で創造していかれるのかなというところに非常に期待もあります（浜を宗教が守ったということは、先にお話しいたしました）。そういう近代法に対して科学的に向かい合いながら、なおかつ、「脈」とか「名勝」とかいうものを活かしながら、仏教遺産を相続していくというところで、先生のご研究は、非常に有力であるというふうに感じました。

以上が感想であります。

**木村**　ありがとうございます。いまの岡田先生のご感想を受けて、改めて井原先生にご意見を頂戴したいです。

**井原**　ありがとうございます。まず申し上げたいのは、岡田先生が最初におっしゃった、庭園の池をそういう地域の水環境との関係で捉えた研究がどれほどあるのかということについてです。庭園に関する研究としては、歴史的な意味であるとか、設計意図であるとか、そうしたオーソドックスな歴史研究が多いのではないかと思います。本日、名勝という概念は、史跡や天然記念物と比べると茫漠としたところがあるということを申し上げました。この点については、全国の名勝について網羅的な研究をしておられる平澤毅先生が、指摘されていることです。また平澤先生は、国指定の名勝はともかく、都道府県や市町村が指定している名勝の数が少ないこと、指定対象が庭園に偏っているということを論じておられます。このことが何を意味するかというと、考古学の専門家が多く、史跡を扱いなれた文化財行政官にとって、庭園という存在は、他の名勝候補と比べて、価値づけのあり方が分かりやすいということです。ただし、その価値づけは史跡の捉え方とよく似ているというか、対象単体の歴史的ないし芸術的な価値を丁寧に紐解くやり方が中心となっていると思います。これに対して、十年以上前になるかと思いますが、小野良平先生という方が、江戸の大名庭園を、単体としてではなく、周辺の都市空間との関係から読み解き、都市における水環境の調整機能を焦点に実証的な研究を行っておられました。私は、対象と環境との相互性という観点が非常に重要と思い、刺激を受けまして、その経験が今回の報告の根底にあります。

ただ、そのような、都市における水環境の調整機能を、当時の人々が明確に意図していたのかというと、これは少し違ってくるかもしれません。経験としてある程度分かっていたと思うのですが、最初から強く意識している訳ではなく、地の利を活かし清らかな水をとにかく引いてきて、池を中心とする自分好みの立派な池庭を造る、ということを専ら考えていた。調整機能は結果に過ぎなかった可能性もあります。もしかすると、東大寺の塔頭寺院庭園についても、同様のことが言えるのかもしれません。ただ良い庭を造ることに専心する。それだけだった。しかしそうした志向は、必ず環境世界との対話を生み出します。例えば、その地域を流れる水脈との関係性を考えざるをえません。塔頭寺院庭園に見られる土地利用の根っこには、やはり古代の水源豊かな自然環境に即応しようとする姿勢、土地の脈に則った営みを旨とする皮膚感覚があったように思います。水の調整機能ということを当初どこまで意図していたのか、それを明確に証明することは、正直難しいことです。結果的に、ということはあるかもしれませんが、水の脈、土地の脈に対する感受性が、あのような配置で多数の子院を構成し、その各々に池庭を作り出していったのではないかと思います。

それから、あとのほうのご質問というか、コメントをいただきました近代法との関係性について。実際、私の専門は造園学・ランドスケープデザインであり、実学の性格が強いので、景観計画や、いろいろな文化財空間の保全・整備計画に携わることが多いのです。その中で、いつも葛藤があります。多面的な意味のある景観・空間を、法定の計画に乗せていくと、削ぎ落とされてしまう背景というものが出てくるからです。例えば、先ほど申し上げた庭園造成の背後にある水の脈、土地の脈に対する感受性といったことは、それを証明し、法定計画の中に落とし込むことは非常に難しい。結果として、保全や継承の対象となるのは、環境世界全体の文脈から切り離された、分かりやすい歴史的事物に限定されがちです。しかしそれでは、後世の人間が継承すべき最も大事な側面を見失うことに繋がらないか。このような思いから、ある場所を、その場所として意味づけている多面的な要素をどう拾いあげていくのか、この問題に取り組んでおります。

その際、日本造園学会が近年進めている「ランドスケープ遺産」の目録作りが、私にとって勉強の場となっています。建築遺産とか土木遺産に比べると茫漠とした概念ですし、それのみならず巷で「○○遺産」は溢れていますが、ただ、この取り組みでは、従来の各種法制度で規定されている価値づけとは異なった捉え方を試みています。今の法定計画に基づく空間整備では、何がこぼれ落ちていくのか、これを個別具体的な事例を通して浮かび上がらせていく、そうした作業が大事だと考えています。もちろん、こうした取り組みから、保存・整備計画についての新しい理念がすぐに生まれてくる訳ではありません。地味で時間のかかる作業であり、現行の計画に対し、直に修正を迫るような性質のものでもありません。しかし、こうした基礎的な作業が、先人たちの営みに触れる際の、私たちの姿勢を少しずつ変えていくのではないかと考えています。ボトムアップの動きしかない、一つ一つ、ケースバイケースでやっていくしかないかなというふうに、今は思っております。

**木村**　はい、どうもありがとうございました。先生が景観の背景の重要性まで視野に入れて、この問題に前向きに取り組んでいられることを感じ、とても心強く思います。

それでは、次に、小池先生にお聞きします。奈良の蒔絵が、奈良から京都へ、そして、さらに各地に拡がっていくという流れがあることはわかりましたが、その蒔絵にかかわる技術者の系譜といいましょうか、そういったことについて、何かわかっていることはございますか。

**小池**　蒔絵の技術者の系譜は、足利将軍家から始まって、ずっと江戸時代、幕府に連綿と継承され、幸阿弥家、それからその後の、江戸時代の五十嵐家とかいう系譜がつながるのですが、中世のことはほとんどわかっておりません。きょうの講演では言いそびれたのですが、奈良の塗師の家で、いちばん有名な、松屋源三郎という人をご紹介するのを忘れておりました。源三郎は、転害郷に住んでいる塗師で、初代の久政という人は、慶長の初めに亡くなっており、久政・久好・久重の三代続いて、大きな漆の塗師屋をやっていたと言われております。

なぜ、この人が有名かと言うと、三世代にわたって天文二年（一五三三）から慶安三年（一六五〇）までのおよそ百二十年間「松屋会記」というお茶会の記録をずっと書いているのです。ですから、当時の、利休の頃の茶の湯のいちばんの記録です。ただ、松屋の製品、何をつくったかというのは、全然わかっておりません。侘茶で知られる村田珠光、珠光から武野紹鷗、それから千利休につながったと言われています。その村田珠光の三名物という、いわば「三種の神器」があって、松屋はこれを継承していたのです。その一つが、中国絵画の徐熙が描いた白鷺の絵。二つ目が、中国製の肩衝茶入、これは根津美術館にいま残っています。三つ目は、私が研究している中国漆器のお盆、在星盆。これは現存しておりません。この松屋は、江戸時代の中頃には、商売の競争で負けて、没落していったようですが、漆の器というものは、かならず塗り直さなければならないので、おそらく中世ずっと、東大寺はじめ奈良の寺院で塗り直しの仕事および、割れたりひびが入ったりしたものの修理の仕事があったはずだと思います。それから、中世になると、やはり、宋・元からの渡り物がいっぱい入ってくるので、この鑑定をしたり、あるいは、本人も収集したり、相当大きな商いをしていたのに、今はそれがあまり評価されていない。千利休は京都に行って、信長や秀吉など権力者とつながったのですが、松屋の三世代も、おそらく奈良で、非常に安定的な仕事があったために、いい仕事ができたのではないか、おそらくこの松屋が、奈良の漆文化財を支えるような仕事をした一人ではないか、と思います。

それから、もう一つ、きょう井原先生のお話で、耕作放棄地とは、日本中の山奥にあるのかと思っていたら、つい目の前の先にあるというので、びっくりしました。あそこにさっそく漆の木を植えてもいいし、また楮や三叉などを植えて、佐保川の水で紙漉きをして、産業として復活できるのではないかと思いました。それから、小さな池でもやはり役割があるというお話を聞いて自分の姓の有効な意味を知り、感動したのです。以上です。

**木村**　どうもありがとうございます。では、きのうからきょうにかけて、ご発表いただいた先生がた、お互いに、この点について聞きたいという、何かご質問などがありましたら、お出しいただければと思うのですが、いかがでしょうか。

どうぞ、奥村先生。

**奥村**　さきほどの庭園の池についてなのですが、実は、この山堺四至図には、大仏池が描かれていないのです。さらに、大仏池の西側に、二ツ池という地名があって、そこに二つ池があったのですが、残念ながら今はもう、西側のほうの一つは埋め立てられています。埋め立てられて建物が建って、景観としては、ちょっと残念なのですが、山堺四至図が描かれた時にはおそらくこれらの池はなく、中世か近世の段階で造られたと思うのです。この大仏池というのは、造られて以降は確実に、治水池としての役割を果たしていたと考えられます。

では、この山堺四至図が描かれた頃は、どのように治水していたのかというと、おそらく水は、外京（寺域の西外側）に流しっぱなしだったと思います。実は、外京を発掘調査しても、ちゃんとした条坊遺構が出てきた例はごく一部なのです。奈良時代、ほんとうに外京に人が住んでいたのかという疑問があります。たとえば、明治時代の地図を見てみると、佐保川によってかなり乱された小字堺が外京の北側で数多くみられるのです。大胆な意見に思われるかもしれませんが、外京というのは、遷都当初、元興寺と興福寺を造るために設定された条坊区画で、その北半分はずっと水が流れっぱなしであった、いわゆる放水地だと想定できます。さらに、天平の末年に至って東大寺が外京の東側の高地を占地し、寺域の中に治水池を設けずに、外京に水をどんどん流し出していたのではないかと思っています。仮に創建時に、大仏池のような治水池を築垣の内側に造ってしまえば、池が決壊した際に門や築垣に与える被害は甚大なものになります。外京の北側が低いということは、実際に東大寺を歩いていて、たとえば、中門をくぐったり、転害門をくぐったりして、その傾斜を体感してみれば、非常によくわかります。おそらく、興福寺と元興寺を造るために、外京は設定されたのだと思われます。さらに、大仏池と二ツ池が造られた中世以降の段階で、治水池としての役割ができて、この東大寺の西側の奈良町が形成されていったのだと思います。

**木村**　奈良町の形成がそこから展開するということなのですね。

**奥村**　はい、そのように考えております。

**木村**　ほかに、いかがでしょうか。どなたでも。

まだ少し時間がございますので、きょうは特別に、フロアのほうからもご質問を受けたいと思います。どなたか、ございませんか。どうぞ、はい。後ろのかた。簡潔にお願いいたします。

**フロア**　私、京都市産業技術研究所からまいりました比嘉明子と申します。小池先生に、蒔絵のお話について、ちょっとおうかがいしたいことがございます。

金銀鈿装唐大刀につきまして、あるいは、草創期の蒔絵の一つの例製品ということで、事例として出されておられました。お話の中に刀身の部分が日本製という断定的なお話しをされていたように思えました。多くの刀剣研究者の見るところ、刀身は中国製とする意見が主流であり、鞘も中国製とする見解があります。そういうことも踏まえてみると、あの鞘の研出蒔絵の部分を日本の蒔絵の初めのほうということになると、いくつか異論が出るのではないかと思うのですが、そのあたりはいかがでしょうか。

**木村**　小池先生、お答えをお願いします。

**小池**　私もたいへん偏った独断の話をしておりました。刀剣のほうは、やはり、中国製という考え方が有力であろうというふうにも言われています。私も不勉強ですが、もちろん、鞘・刀装も議論があります。私の話がやはり、探る段階途中であって、ただ、どなたもまだ、さきほどの金銀鈿装唐太刀の鞘の部分を日本製、あるいは中国製と断定するのは、もう少し議論をしてから結論に達するところだろうというふうに思います、私の今日の話では、例の八角棒と比較した時点で、八角棒を研ぎ出し蒔絵の百パーセント日本製とする。もちろん議論はあると思いますけれども、あの時代に日本で研出蒔絵が出てきたとするのも、確定でなく、私も可能性で言っているところもあるのです。ご指摘のとおり、まだまだ議論すべきところで、その前の古墳時代の日本製矢の根の部分に、絵画的な表現には至らずとも、金銀粉をまくというところまでは、いくつかの例があるものですから、金銀鈿装唐大刀の産地の断定というのは、まだ、これから議論するところです。私の試みというか、個人的な意見というふうにご了解いただけるとありがたいと思います。よろしいでしょうか。

**木村**　はい、よろしゅうございましょうか。ありがとうございます。では、どうぞ、次のご質問をお願いいいたします。

**フロア**　金田先生にお尋ねいたします。越中・越前・阿波の東大寺の荘園のほか、全国にたくさんの荘園があった、というお話がありましたが、なぜ、東大寺の荘園として寄贈されるのか、開墾するメリットはありますが、寄贈する地主というか、豪族というか、どういう経済的、あるいは政治的、宗教的なメリットがあったのでしょうか。お尋ねいたします。

**木村**　金田先生、よろしくお願いいいたします。

**金田**　いまのご指摘のように、荘園はたくさんありました。たとえば、伊賀国、中世では黒田荘というたいへん大きな荘園もあったし、美濃国にも、茜部荘とか大井荘とか、たいへん大きな、中世でも、たいへんな経済基盤を構成する荘園が、たくさんあります。それらのそれぞれが、いろいろな経緯をたどっているので、東大寺自身が選地をして開墾した所もあり、それから、官設の寺院でもあるし、律令国家が施入し、寺院として占有したものもあります。それからたしかに、さきほども少し申しましたが、越中では砺波臣志留志、それから越前では生江臣東人というような人たちが、大量に寄進をしています。その理由というのがわからないのです。推測するしかないのですが、東大寺に寄進をすることによって、それらの人たちの身分で許された墾田の上限の枠以上のものを、つまり、法律で決められたところが、たとえば、百町しか認められていないのに百二十町開墾したとか、あるいはもっと低くて、ほんとは十町ぐらいしか基準はないのに、がんばって、五百町も開墾してしまったということが、たくさんあるわけです。生江臣とか、砺波臣志留志は、だいたい百町ほど寄進していますが、それは、もちろん、はるかに制限枠を超えているので、東大寺に寄進することによって、その法律逃れをすることができる。あと、それによって、自分が東大寺の中で、寄進をするという功績によって出世を重ねる、というようなことが、しばしばあったようです。したがって、経済的・政治的な部分だけ見れば、そういう効果はあったのだと理解することができると思います。もちろんそのほかに、仏教文化に帰依するとか、仏教そのものに帰依するとか、いろいろなことがあり得るとは思いますけれども、経済的・政治的には、そういうことが言えると思います。

**木村**　ありがとうございました。金田先生、何か補足がございますか。

**金田**　いまの話の関連ですが。

**木村**　どうぞ。

**金田**　砺波臣志留志というのは、砺波郡の郡司の家系の人なのですが、志留志というのは、砺波郡の大領など郡司の長官を歴任した人たちとか、どうも、その直系の総領家ではないようで、傍系のようなのですが、それが、がんばって開墾して、その土地を東大寺に寄進することによって非常に出世します。そして最終的には、史料に見えるだけですが、伊賀国の守にまでなっております。ですから、東大寺との関係をとても上手に使いながら、権力の階段を昇っていった人、というふうに思われます。具体的に、そういう例を意識して申しましたが、ちょっと奥歯にものがはさまったような言い方だったかもしれませんので、付け加えさせていただきます。

**木村**　どうもありがとうございました。そろそろ時間もおしてきておりますが、一つ感想ということで、メモをいただいておりますので、ご披露申し上げます。こういうご感想です。

さまざまな視点からの研究があることに、非常に驚き、敬意を持ってうかがいました。テーマを設定してくだった関係者のかたあっての会議だと思います。この場をお借りし、お礼を申し上げたく存じます。

さらに、長老さまに、特別講話は、今後も是非とも続けていただきたくよろしくお願いいたします、と。こういうご希望も添えられております。

最初に申し上げましたように、今回の全体討論は、ある意味でたいへん時宜にかなったものだったと思います。包括的で大きなものでしたので、少し心配いたしましたけれども、結果的には、先生がたそれぞれの充実したご発表がかみ合って、全体として、すばらしい成果が生まれたといえるのではないでしょうか。これは、ほんとうに皆さまのご協力のおかげです。おのずからに、自然《じねん》に、和合の力でこういう結果が生まれたのだろうと、そのようにいま感じております。

今回は、十三回目のGBSでした。ちょうど干支を一周して、また新たなスタートを切ったわけです。私もできることはさせていただきますが、ご関係の皆様には、是非これからもがんばっていただいて、第二サイクル、第三サイクル、さらには少なくともこのGBSが還暦を迎えられるまでは続けていただきたいという気持ちです。皆さま、今後とも一層のご支援、ご協力をお願いいたします。

おかげさまで、総合討論も無事円成といいましょうか、濃い内容を盛り込んで終えることができたと、うれしく思います。ほんとうにありがとうございました。

**司会**　どうも、ありがとうございました。先生がた、壇上のままで閉会ということで、聞いております。それぞれに、ご講話、ご講演、研究発表をありがとうございました。それから総合討論の司会をしていただいた木村先生、どうもありがとうございました。

「仏教文化遺産の継承」というタイトルで、非常に大きな、ひょっとしたら、とりとめのないような題だったかもしれないのですが、「自然・文化・東大寺」というサブタイトルを付けたことによって、ひょっとすると、自然というのがあったので、また違う切り口が出てくるのかなというふうに思っておりました。私が何か言うことでおかしくなってはいけませんので、支持だけにしていただきたいと思うのですけれども、ほんとうに、この文化遺産の継承ということで、私たちが常にいるところは、終点ではない、到達点ではあるが終点ではない、今ある東大寺に何が残っているのか、それがいったいどういうことで、これが現在あるのかということも含めて考えていく、ほんとうにいい機会になったのかと思います。

環境宗教学の岡田先生のお話にもありましたが、環境宗教学という、目に新しい言葉もここで接することができて、非常に感銘を受けました。われわれ、この自然環境というのは、人間環境とか宗教環境とかいうふうにも、最初のご挨拶でも申し上げましたけれども、そのどれも大事にしていかなければならないのか。幸いにして、東大寺には、この「大仏造顕の詔」という、聖武天皇の詔があります。その中にある言葉、もう何遍も言われていますけれども、「乾坤相《けんこんあい》泰《やすらか》」で「動植《どうしょく》がことごとく栄える」、それを、どのような手法で伝えていくかという、ほんとうに私たちの手法にするべき言葉があって、きょうの話に非常につながっているのかなというふうに思いました。GBSが、これからも、このような役割を果たして、木村先生は還暦までとおっしゃいましたけれども、このような討論の場、それから発表の場を提供する役割を、果たしていかなければならないのだろうなというように考えました。ただ一つ残念なのは、私、事務局長として、非常にふがいなく思うのですが、もっとたくさんの人に来てもらえるような運び方をしたらよかったと非常に反省しております。きょう来ていただいた皆様がた、ほんとうにありがとうございました。今後、もうちょっと膨らませるようにしていきたいというふうに思っております。

ほんとうに先生がたありがとうございました。聴衆の皆さまありがとうございました。

また来年、ここでお会いできることを望んでおります。ありがとうございました。

# The Succession of Buddhist Cultural Heritage: Nature and Culture at Tōdai-ji Temple

Papers from the Great Buddha Symposium No.13

# Tōdai-ji's Estates and the System of Land Divisions in Ancient Japan

Akihiro Kinda

This paper reexamines Tōdai-ji's estates (*shōen*) and the year in which the system of land divisions (*jōri* plan) for each province was completed. First, I identify that the law of 743 (Tenpyō 15), which promoted the successive right to cultivate reclaimed rice fields in perpetuity (*konden einen shizai hō*), became the impetus for the change in hand of reclaimed fields from commoners to influential aristocrats. Prominent temples, which had been previously strengthened this tendency, also approved of a large-scale framework to possess reclaimed fields in 749 (Tenpyō Shōhō 1) and further expedited this process.

Especially in the case of Tōdai-ji's estates, it appears highly plausible that with the cooperation of the provincial heads in the Hokuriku region and the movements of powerful local families, the vast established reclaimed fields came to be clearly separated from other reclaimed fields and the necessity to accurately record these fields rapidly increased. Such conditions became the direct impetus for the completion of the system of land divisions. Iga and Ōmi provinces—regions near the capital where this development had relatively advanced—were the first to realize this necessity and led in actualizing the land division system in 749, followed by Echizen and Etchū provinces in 755. The Nankaidō provinces of Sanuki and Awa, however, appear to have established this somewhat later in 762. Further, it seems in the five Kinai provinces near the capital, various factors regarding land were complicated and therefore the system was completed before or after these dates.

# From the Perspective of a Researcher and the Priests in the *Shuni-e* Ritual

Shōen Hashimoto

Tōdai-ji Temple's *Shuni-e* (rites of the second month) has been continually held since it originated in 752 (Tenpyō Shōhō 4) (refer to *Tracing Traditions and Thoughts of the Shuni-e Ceremony at Tōdai-ji's Nigatsu-dō Hall: Papers from the Great Buddha Symposium No. 8*). Each year, for fourteen days, from the end of winter to early spring, priests called *rengyōshū* ("continually practicing monks") seclude themselves in the priests' quarters of the Nigatsu-dō Hall and spend over two hours in the afternoon and five to eight hours in the evening daily, circumambulating the Kannon image in the Main Hall or prostrating themselves repeatedly while chanting sutras to repent their daily transgressions of the Buddhist teachings. Through these practices, they continuously pray to purify their minds and bodies and to spread their accumulated merit for all in the world to live in peace. Including the preliminary practices, this major observance takes nearly a month and involves the cooperation of approximately forty participants and supporters who provide assistance in the complex rituals. The evening ritual in which the monks, climb up the stone steps to run around the Nigatsu-dō, swinging pine torches and shouting out, "*Otaimatsu*" ("Great pine torch"), is widely known and is a time-honored tradition that dates back 1200 years. Because of this, the *rengyōshū*, who engage in this religious practice, are thought to be specially revered figures.

However, not all of the *rengyōshū* have necessarily completed difficult Buddhist training or reached a high mental state. The monks pray and practice to purify their minds and bodies, while possessing worldly desires. They may repeatedly make mistakes in the ritual order or chant the wrong sutra verses in the wrong tune. Some may also feel a sense of frustration or failure. When such monks hear the resounding voice of the officiating monk (the leader of the *rengyōshū*, praying for the end of all strife and the realization of world peace or for the protection of Kannon Bosatsu for the participating monks, who continue to train in spite of their sense of hopelessness for being unable to abandon their doubts and desires, they have opportunities to reflect on their feelings and make connections and develop friendships with researchers who gather for the *Shuni-e* to study this ritual from the perspectives of Buddhist history, architectural history, and theatrical history. Several monks also begin to engage in academic discussions and come to appreciate the enthusiasm for research. From this research, I gradually learned, especially by reading their papers, that the *Shuni-e* faced the danger of being discontinued, though over its 1,200 some years, the *rengyōshū* of the time acted resolutely to ensure the continuation of this ritual in every situation. In this paper, I also discuss the circumstances that led to the opportunity for the monks to overcome their inner conflict and fears.

# The Making of *Tōdaiji Sankai Shishizu*: A Cosmological Narrative of an Early Buddhist Map

Shigeki Okumura

*Tōdaiji sankai shishizu* (literally, "four-side mountain boundary map of Tōdai-ji temple") is the oldest map of Tōdai-ji depicting its vast temple grounds. The date, Tenpyō Shōhō 8 (756), indicates that this boundary map was made shortly after the temple's establishment. The main temple buildings on the map were drawn using sophisticated information based on measurements and location, while the smaller sub-temples, shrine, and other ritual structures were depicted using preexisting survey maps of the area.

An analysis of the order in which the map was produced reveals that the boundary lines of the temple's territory were drawn at the Saho and Noto rivers and Higashi Kyōgoku street. The two rivers were the main waterways that flowed through the ancient Heijō capital, suggesting that those who established Tōdai-ji, with its grounds extending from the source of the rivers to Higashi Kyōgoku street, were aware that the temple stood topographically higher than the Heijō capital. Also, the arrangement of the hills on the map from the vantage in which they were depicted infers that Tōdai-ji was a highly regarded structure. Moreover, the depiction of the temple buildings on the map resembles the structures carved in the horizontal pictorial sections above the Mount Sumerus incised on the bronze lotus petal dais of the Great Buddha. This similarity in the drawings suggests that they were made around the same time by painters of the same school or studio. These details inform that the structures of Tōdai-ji's temple precinct were situated with the cosmology of Mount Sumeru in mind.

# *Omizutori* and *Oshiotori* Rites: Examining the Networks between the Sea and Mountains

Mamiko Okada

*Omizuokuri* (water sending-off) and *Omizutori* (water-drawing) rites, which began in 752, the year of the eye-opening ceremony for Tōdai-ji's Great Buddha, are observances that connect the sea and mountains together and held respectively in Wakasa Province (now Fukui Prefecture) and Nara. The close cultural connection between Wakasa and Nara has been renewed and continued for 1,262 years through Tōdai-ji's *Shuni-e* (rites of the second month) represents an unprecedented living Buddhist cultural heritage. This paper examines the *Oshiotori* (sacred seawater-gathering) and *Matsu-e* (large pine tree-raising) rites of Kyushu and *Oshio kennōyaku* (seawater-offering service) of Tōhaku, which tie the sea and mountains together and which have been observed for over 1200, and discusses how these rituals became the driving force behind movements to protect the environment. Moreover, this paper outlines the environment during the time the Great Buddha was erected and investigates Emperor Shōmu's belief that his actions were responsible for natural calamities and his policies shifts towards building a Buddhist nation-state. Finally, while referring to the above-mentioned network between the sea and mountains, I explore the prayers that went into the building of the Great Buddha as well as the *Omizutori* rite and the belief in the efficacy of these acts.

# The Beginnings of *Makie* and Nara Lacquerware

Tomio Koike

Lacquer has been used as an adhesive and pigmentation since ancient times. It can be traced nearly 10,000 years back to the Jōmon period in Japan and to the Neolithic period in China. The decorative lacquer technique of *makie* (literally, "sprinkled picture"), which utilizes sprinkled gold and silver powders and flakes to create motifs on lacquered surfaces, was developed in Japan from the ninth to twelfth centuries during the Heian period.

The earliest example of *makie* is a long Chinese-style sword with gilded fittings and inlay from the Shōsō-in Repository (listed in *Kokka chinbōchō* (List of Rare Treasures of Japan) written in 785). Scholars debate whether this sword with flying horses, birds, and clouds adorning its scabbards in gold *makie* was made in Japan or China. The earliest excavated *makie* examples include fragments of an octagonal rod with flowering plants in gold and silver *makie*, which were found from the eighth-century ruins of the Heijō Palace in recent years and which are definitively of Japanese origin. Early Heian-period *makie* consist primarily of Buddhist artifacts. In the thirteenth century, during the Kamakura period, major advances were made in *makie* techniques, and later in the seventeenth century, during the Edo period, lacquerware using the *makie* technique came to be produced not only in Nara and Kyoto but throughout Japan.

Nonetheless, many aspects of the origin of *makie*—when, where, and who discovered this technique, whether it was first produced in China or Japan—remain unknown. The history of highly sophisticated lacquerware in Nara is considered to be very long in Japan. Scholars believe that the earliest *makie*, in which precious metals such as gold and silver were generously applied, developed in Nara for the emperors, aristocrats, and other high-ranking elites. While reexamining early examples of *makie*, this paper explores the history of Japanese lacquer and the conditions in which *makie* began within the context of its development. Finally, this paper hypothesizes how lacquer production changed and was passed down in Nara, after the capital of Japan moved from Nara to Kyoto.

# The Succession and Transformation of a Heritage Space

Yukari Ihara

Tōdai-ji is a place of Buddhist training and spirituality, while at the same time, it is also a heritage space designated as both a historic and scenic site. In this paper, I examine the temple grounds of Tōdai-ji through three perspectives.

First, I present a survey and report of the relationship between nature and people. Here, I focus on changes in the water system and the raising of plants and trees as well as on the relationship between nature and people as seen through the gardens of the sub-temples, and discuss current challenges. Second, I question the relevance of succession in the context of understanding Tōdai-ji grounds as heritage space. This expansive area is a unique place, which has been given a twofold designation of "Former Tōdai-ji grounds as historic site" and "Nara Park as scenic site." I investigate their respective meaning and issues. I also examine problems in the modern legal system pertaining to cultural protection by verifying the succession of heritage spaces from the perspective of landscapes that are treated as interactive places between nature and various human activities. Lastly, I further clarify the second point by inquiring the "crux" of Tōdai-ji temple grounds as landscape. Taking *Tōdaiji sankai shishizu*, the Nara-period boundary map drawn in Tenpyō Shōhō 8 (756), as a clue, I thought about the meaning of interaction between nature and people that is unique to this location as well as what in this place needs to be preserved and what should be passed down to the next generation. Our modern legal system has played a vital role in restraining the ever-changing, temporal pressures to change historic sites and sceneries that should be protected. However, it lacks a holistic perspective of the interaction between nature and people that is particular to Tōdai-ji. Rather than merely treating this place as an area that consolidates scattered works of art and dividing the whole "context" with linear zoning, it is important to make use of the preexisting arteries, above all to resuscitate the waterways, and take back the swells.

# 第13回 ザ・グレイトブッダ・シンポジウム

平成26年11月22日（土）

開会挨拶：筒井　寛昭（華厳宗管長・東大寺別当）

基調講演：金田　章裕（京都大学）「東大寺領荘園と条里プラン」

特別講話：橋本　聖圓（東大寺長老）「修二会研究者と練行衆の接点」

11月23日（日）

《研究報告》

奥村　茂輝（公益財団法人大阪府文化財センター）「東大寺山堺四至図が語る世界像」

岡田真美子（兵庫県立大学・中村元記念館東洋思想文化研究所）
「お水取りとお潮井採り—行事にみる寺社の環境保護」

小池　富雄（鶴見大学）「草創期の蒔絵と南都漆器」

井原　　縁（奈良県立大学）「遺産空間の継承と変容」

全体討論会「仏教文化遺産の継承—自然・文化・東大寺」

木村　清孝（華厳学研究所・東京大学）

金田　章裕（京都大学）

橋本　聖圓（東大寺長老）

奥村　茂輝（公益財団法人大阪府文化財センター）

岡田真美子（兵庫県立大学・中村元記念館東洋思想文化研究所）

小池　富雄（鶴見大学）

井原　　縁（奈良県立大学）

ザ・グレイトブッダ・シンポジウム論集第十三号
論集 仏教文化遺産の継承
―自然・文化・東大寺―

二〇一五年十二月十九日　初版第一刷発行

編　集　ＧＢＳ実行委員会

発　行　東大寺
〒六三〇―八五八七
奈良市雑司町四〇六―一
電　話　〇七四二―二二―五五一一
ＦＡＸ　〇七四二―二二―〇八〇八

制作・発売　株式会社　法藏館
〒六〇〇―八一五三
京都市下京区正面通烏丸東入
電　話　〇七五―三四三―五六五六
ＦＡＸ　〇七五―三七一―〇四五八

品　切

| | | |
|---|---|---|
| 論集　東大寺の歴史と教学 | ザ・グレイトブッダ・シンポジウム論集第一号 | 品切 |
| 論集　東大寺創建前後 | ザ・グレイトブッダ・シンポジウム論集第二号 | 二〇〇〇円 |
| 論集　カミとほとけ―宗教文化とその歴史的基盤・ | ザ・グレイトブッダ・シンポジウム論集第三号 | 二〇〇〇円 |
| 論集　近世の奈良・東大寺 | ザ・グレイトブッダ・シンポジウム論集第四号 | 二〇〇〇円 |
| 論集　鎌倉期の東大寺復興―重源上人とその周辺 | ザ・グレイトブッダ・シンポジウム論集第五号 | 二〇〇〇円 |
| 論集　日本仏教史における東大寺戒壇院 | ザ・グレイトブッダ・シンポジウム論集第六号 | 二〇〇〇円 |
| 論集　東大寺法華堂の創建と教学 | ザ・グレイトブッダ・シンポジウム論集第七号 | 二〇〇〇円 |
| 論集　東大寺二月堂―修二会の伝統とその思想 | ザ・グレイトブッダ・シンポジウム論集第八号 | 二〇〇〇円 |
| 論集　光明皇后―奈良時代の福祉と文化 | ザ・グレイトブッダ・シンポジウム論集第九号 | 二〇〇〇円 |
| 論集　華厳文化の潮流 | ザ・グレイトブッダ・シンポジウム論集第十号 | 二〇〇〇円 |
| 論集　平安時代の東大寺―密教興隆と末法到来のなかで | ザ・グレイトブッダ・シンポジウム論集第十一号 | 二〇〇〇円 |
| 論集　中世東大寺の華厳世界―戒律・禅・浄土 | ザ・グレイトブッダ・シンポジウム論集第十二号 | 二〇〇〇円 |

価格税別